中国剑麻

产业发展报告

陈河龙 郑金龙 谭施北 易克贤◎主编

中国农业出版社

北 京

图书在版编目（CIP）数据

中国剑麻产业发展报告 / 陈河龙等主编 . -- 北京：中国农业出版社，2024. 11. -- ISBN 978-7-109-32915-7

Ⅰ. F326.12

中国国家版本馆 CIP 数据核字第 2025FU5032 号

中国剑麻产业发展报告
ZHONGGUO JIANMA CHANYE FAZHAN BAOGAO

中国农业出版社出版

地址：北京市朝阳区麦子店街 18 号楼

邮编：100125

策划编辑：谢志新　王　珍

责任编辑：谢志新　郭晨茜

版式设计：杨　婧　责任校对：吴丽婷

印刷：中农印务有限公司

版次：2024 年 11 月第 1 版

印次：2024 年 11 月北京第 1 次印刷

发行：新华书店北京发行所

开本：787mm×1092mm　1/16

印张：9.5

字数：190 千字

定价：68.00 元

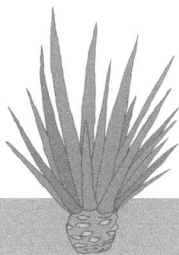

前言

　　剑麻是龙舌兰科龙舌兰属植物，原产于墨西哥尤卡坦半岛，是我国和世界热带地区最重要的纤维作物，以无性繁殖为主，一生只开一次花，生长周期长达数十年之久。剑麻叶片内含有丰富的纤维，纤维细胞呈长形结构，细胞腔大而长、壁厚，具有纤维长、色泽洁白、质地坚韧、富有弹性、拉力强、耐摩擦、耐酸碱、耐腐蚀、不易打滑、不污染环境、不易产生静电等特点，广泛应用于渔业、航海、工矿、运输、石油、汽车制造等行业，以及用于生产剑麻地毯、剑麻特种布、纸张、过滤器、工艺品、抛光轮等。此外，利用剑麻液汁可提取贵重药物生产原料海柯皂苷元、剑麻皂苷元，还可提取草酸、果胶，制取食用酒精及动力燃料；可利用麻渣制备优质饲料和肥料。总而言之，剑麻综合利用前景十分广阔。中国是剑麻主要生产国之一，产地主要分布在广东、广西、海南等热区。剑麻也是农业农村部鼓励重点发展的热区特色作物之一，发展潜力巨大。

　　在全球经济发展与环境保护并重的时代背景下，剑麻作为一种重要的天然纤维，其独特的物理特性和广泛的应用场景，逐渐得到广泛关注与认可。无论是在日用消费品、家居家饰领域，还是在电梯、汽车和建筑材料领域，剑麻都展现出不可替代的价值，因而随着绿色环保和可持续发展理念深入人心，中国剑麻产业必将迎来璀璨的春天。

　　编者长期深耕剑麻产业相关领域，具有较扎实的研究基础和丰富的实践经验。此书根据编者多年来对剑麻产业发展的研究成果撰写而成，书中系统梳理了剑麻产业的发展历程，重点介绍了2013—2023年中国剑麻产业现状、存在问题，然后研判发展趋势、提出政策建议。本书的内容系统全面、数据翔实可靠、建议准确合理，旨在为剑麻产业从业者、政策制定者、研究人员提供参考资料。此外，由于官方数据调整及修约等原因，个别数据稍有偏差，但不影响整体研判。

本书的出版得到了我国热区有关单位及相关主管部门的大力支持，引用了部分国内外公开发表的文献资料，在此一并表示衷心的感谢。

限于编者水平，书中难免存在疏漏和不足之处，敬请广大读者批评指正，以便今后修订、完善。

编　者
2024 年 11 月

C
O
N
T
E
N
T
S

目 录

前言

目录

第一章

剑麻产业发展历程

一、剑麻概述

(一) 剑麻用途

剑麻是一种多年生的热带经济作物，因为可以从它的叶片中抽取纤维，所以又叫作叶纤维作物，又因其纤维质地坚韧，故也称为热带硬质纤维作物。

剑麻纤维洁白、质地坚韧、富有弹性、抗拉力强，且耐酸碱、耐摩擦、耐低温、不易脆断、不易打滑。在水湿条件下，纤维拉力增强 10%～15%，在干燥或潮湿情况下伸缩性不大，经海水浸泡不易腐烂，其特性远非黄麻、红麻等韧皮纤维所能比拟的。剑麻纤维的平均拉力（纤维拉力，是指取长 30 厘米、重 1 克的束纤维，受力长度 20 厘米，在进行拉力试验中拉断时所受的力，单位用千克/克·30 厘米表示）以普通剑麻最强，为 82～87 千克/克·30 厘米表示，H. 11648 为 77～80 千克/克·30 厘米表示，比黄麻约高 8 倍。

剑麻纤维是当今世界用量最大、应用范围最广的一种硬质纤维，产品可开发性强、潜力大，是我国热带地区重要的出口创汇产品，具有重要的经济价值。剑麻纤维的用途很广，广泛应用于国防、渔捞航海、交通运输、石油、工矿、冶金、林业等领域。剑麻纤维可用于制作舰艇、远洋轮船等的绳缆、绳网、帆布、防水布，飞机、汽车轮胎等的帘布，起重、钻探、伐木用的钢索绳芯，机器的传送带，电梯绳芯等。近年来，随着加工技术水平的提高，人们利用剑麻纤维不易产生静电等优点，开发出了许多新的纤维制品，如剑麻地毯、剑麻抛光轮、剑麻墙纸、特种布等，纤维制品已广泛用于金属抛光、运输业、家庭装饰、地毯工艺和汽车工业中。利用纤维经特殊处理制成的特种纸浆，可制成造币纸、电解纸等高级纸张。利用剑麻纤维制造特种服装面料和生产剑麻纤维电工复合材料、剑麻纤维建筑复合材料等方面的研究已获得了良好的进展，应用领域在不断拓展。剑麻除可以抽取纤维外，其麻渣和液汁等副产物也有广泛的开发利用价值。如利用剑麻的液汁可提取贵重药物的生产原料，如海柯皂苷元、剑麻皂苷元等，还可提取草酸、果胶、硬蜡，制取酒精及动力燃料；麻渣既是一种良好的饲料和肥料，又可用于生产沼气发电，如坦桑尼亚在联合国的支持下，2004

年已开始实施用剑麻麻渣发电的计划。若将剑麻副产品充分利用起来,其价值比目前纤维主产品的价值还要高。当剑麻被用于提取酒精或纤维时,可产生大量的麻渣,目前麻渣主要用于生物制药、肥料制备及能源转化等。剑麻除含有纤维外,还含有皂苷、蛋白质、糖、果胶、维生素和丰富的微量元素等物质。随着对剑麻中糖分研究的不断深入,人们已经开发出多种创新的剑麻产品。此外有研究表明,剑麻发达的根系还为减缓土壤重金属污染提供了新的思路。毛里求斯的剑麻主栽品种 H. 11648 能富集大部分重金属,在生产上正在探索将剑麻用于改良污染矿区及重金属污染区的土壤环境。随着深加工技术的不断提高和综合开发力度的加大,剑麻的经济价值将会进一步显现。

(二)剑麻生物学特性

剑麻是多年生、肉质、旱生的草本植物,茎粗而短,没有分枝。叶片无叶柄,螺旋状簇生在短茎上;茎基部的潜伏芽可发育生长为地下走茎及吸芽。定植后 2 年以上才可以割叶,经过 10 多年甚至 20 年以上才抽轴开花,花后植株结果并长出珠芽后逐渐干枯死亡。

1. 根

剑麻的根系属于须根系,没有发达的主根。在种子萌发时,最先突破种皮的胚根(即初生根)会短暂地作为主要的根系存在,但随着子叶的伸展和幼苗的生长,这个初生根通常会停止生长并逐渐失去功能。然而,需要注意的是,并非所有剑麻的初生根都会完全停止生长和枯萎,这取决于具体的生长条件和剑麻的品种。在初生根逐渐失去功能的同时,从茎基部(或称为根颈)会长出许多粗细相近的不定根(即次生根)。

次生根可分为次生固定根和次生营养根两种。幼苗定植后 7~10 天,从茎基部长出的不定根就是次生固定根。次生固定根较粗,直径 0.2~0.4 厘米,幼嫩时呈白色,其前部(长 15~40 厘米)长出许多根毛,具有吸收水分、养分的作用;成熟时其表皮和皮层脱落,中柱鞘木质化而变成红褐色,没有吸收功能,主要起固定植株的作用。次生营养根从次生固定根的中柱鞘中长出,直径 0.1~0.2 厘米,是次生固定根的一级支根,其上可长出二级支根,在二级支根上又长出三级支根,依此类推,从而形成强大的须根系。次生根主要功能是吸收水分和养分,兼固定作用。

剑麻根系好氧而浅生,在土壤中呈水平分布,根幅一般在 1.5~3.0 米,分布深度多集中在 0~40 厘米,往下逐渐减少。

2. 茎

剑麻的茎是植株的主轴,是叶片和花轴着生的地方。茎近似圆形,幼龄时为螺旋排列的叶片所环抱,割叶后逐渐露出,生长缓慢。剑麻茎粗而短,未开花前,茎高 90~120 厘米,直径 15~20 厘米。成龄植株茎的横切面是圆形,最外面为皮层,起保护作用。皮层以内为白色的基本组织，其中散生许多维管束。基本组织是贮藏淀粉的器官，而维管束主要起输导和支固作用。茎端呈圆锥形，称生长锥，尖端是生长点。在生长锥上孕育着许多叶原基及腋芽原基，它们生长发育成为叶片和腋芽。生长点下方是由一层具有分裂能力的细胞所组成的分生组织，它不断向上下两个方向分裂，使茎干缓慢向上加粗生长。生长点能合成生长调节物质，不断从生长点向腋芽输送、累积，在高浓度情况下抑制腋芽的萌发，即植物生理学上的"顶端优势"。平时叶腋中的腋芽呈休眠状态。在剑麻种苗繁殖过程中，人们采用钻心的方法破坏幼苗的生长点，解除顶芽的优势，促进腋芽萌发，从而达到快速繁殖种苗的目的。

3. 地下走茎和吸芽

剑麻的地下走茎是由埋在地下的茎的腋芽发育而成，条状，扁圆形，肉质柔软，白色或淡黄色，遇光后变成绿色。多节，节上有根点，能生根，节上具鳞片，鳞片里有 1 个潜伏芽。剑麻地下走茎是茎的延续，其内部构造与茎部相同。地下走茎的顶芽露出土面生长发育成吸芽。一个吸芽具有叶片、幼茎和地下不定根三个部分。吸芽和地下走茎切段都可以用作繁殖材料。

4. 叶

剑麻叶片由茎端生长锥上的叶原基生长发育而成。在未开展时叶片互相包卷成叶轴，展开的叶片螺旋状簇生在短茎上，形成莲座式叶丛。剑麻叶片剑形、肉质、刚硬、狭长，没有叶柄，叶尖端有长 1～2 厘米的硬刺，叶缘无刺或有刺，叶面上有白色蜡粉，叶色灰绿至深绿，叶长 100～150 厘米，叶宽 10～15 厘米。叶腋中有一个腋芽，呈休眠状态。剑麻种类不同，其叶的长短、蜡粉的多少、叶色的深浅、叶缘刺的有无、叶片的多少均有差异。

在叶片横切面上，最外层是角质层，上有蜡粉，能防止叶内水分过度蒸发及叶面积水；上下表皮分布有许多深陷的气孔，气孔开口处有很细的纤毛。气孔昼闭夜开，具有保水防旱的生理机能。上下表皮内为由 4～7 层柱状的薄壁细胞组成的栅栏组织，其中富含叶绿体，具光合作用。叶片中间部分是海绵组织，由多层近似六角形的薄壁细胞组成，富含水分（约占 70%）和叶绿体，其细胞间形成较窄的间隙，为叶片内部气体交换的渠道。在海绵组织中着生许多排列规则且紧密的维管束。维管束由木质部和韧皮部组成，是叶片内部水分和养分的输导组织。其一侧或两侧分布着由纤维细胞组成的维管束鞘（生产上称纤维束），在叶片中起支持作用，人们所利用的纤维是从纤维束中抽取出来的。剑麻叶片基部的维管束与茎内的维管束相连接，没有离层，不能自动落叶。剑麻叶片肥厚多汁，其外部具有较厚、含蜡的角质层，气孔下陷，气室开口处有纤毛，海绵组织发达，富含水分，这些都是典型的旱生植物的结构特征。因此，剑麻是耐旱能力很强的叶纤维作物。

叶片在茎上排列的次序称叶序。剑麻叶片依一定的排列方式和数目着生于茎上，从低处的一片叶开始，叶片螺旋上升排列，绕茎一周的最后一片叶排列到第一片叶的上方，形成一个斜轮，称叶轮，一株剑麻有多个叶轮。叶轮边线上着生的叶片数称叶序数。叶轮构成的面与茎相交的角度不同，其叶序数亦不同。相交的角度大于 45°而小于 90°的叶轮上着生 13 片叶，即叶序数是 13，亦称"逢 13 展叶线"。这个展叶线在剑麻植株上容易看得清楚，生产上多用其来估计剑麻的叶片数及单位面积产量。

5. 花

剑麻是多年生一稔植物，一个生命周期仅开一次花，花后便结果，至珠芽脱落生命便结束。花期因品种而异。在我国，剑麻 H. 11648 植后 10～13 年即抽轴开花，群体花期 6～8 月。植株从抽轴到开花一般需要 2 个月的时间，花序花期 30～40 天。

剑麻在抽轴开花前，新展开叶片变窄，短而薄，色黄，最后展开的叶片呈长三角形，同时从茎端叶丛中抽出花轴。一般成熟花轴高 5～7 米，乃至 9 米，中部直径 8～15 厘米，绿色，有节，节上有紫褐色苞片保护着休眠状态的腋芽。花轴初期生长快，平均每天增长 10～15 厘米，后期只有数厘米。花轴抽出 2.5～4 米高时，离地面 2～2.5 米处的腋芽才抽出花梗。一株剑麻可抽出 25～40 个花梗，从花梗上再抽出三叉状小花梗，分枝 5～6 次，从而形成巨大的圆锥花序。花着生在小花梗上。一个花序有数百至二千朵花，甚至更多。

剑麻的花为完全花（雌雄同花）。花蕾长 3～4 厘米，无花冠；花萼由 6 片萼片组成，基部联合成短萼筒，上部浅裂成 6 片花被；雄蕊 6 枚，基部与萼筒连合，花丝细长，"丁"字形着药，花粉囊浅棕色，花粉球状，淡黄色；雌蕊 1 枚，柱头 3 浅裂，子房下位，中轴胎座，3 室，每室着生 2 列中轴胚珠，内有胚珠约 300 枚。开花时，雄蕊先熟，雌蕊后熟，为异花授粉植物。

6. 果实、种子和珠芽

剑麻果实为蒴果，长圆形，长约 4.5 厘米，宽约 3 厘米，未成熟时绿色，成熟时黑褐色。内有种子 100～200 粒。胚珠受精后发育的种子黑色，有光泽，扁平，纸质，千粒重 14～20 克；未受精的种子灰白色，约占全数的 1/2，甚至 3/4。

剑麻开花结果后，位于花柄离层下方的芽点逐渐发育成珠芽。一株剑麻可产生数百乃至 2 000 个珠芽不等。珠芽靠母株的养分长大，经 3～4 个月，具 3～4 片叶，珠芽高 5～10 厘米时，长出气生根，基部产生离层，落地后气生根伸入土壤中成为须根，开始独立生活。珠芽可作为繁殖材料。

（三）剑麻对环境的要求及优势区域布局

1. 剑麻对气候条件的要求

（1）温度

剑麻原产于热带、亚热带高温少雨地区，在系统发育过程中形成了喜高温耐干旱的生态习性。一般在年平均气温 19℃以上，极端低温多年平均在 0～3℃的地区都能生长。最适月均气温为 25～28℃，当月均气温下降到 12～15℃时，生长转慢；气温在 10℃以下时，植株基本停止生长。对短期的低温（2～3℃）有一定的抵抗力，遇 0℃以下极端低温时将产生寒害，寒害程度因植地环境、低温持续期、株龄和栽培管理水平而异。

（2）降水量

剑麻是热带旱生、肉质植物，能耐长期干旱。适合其生长发育的年降水量为 800～2 000 毫米，最适为 1 200～1 500 毫米。全年中有明显旱季，又不时下阵骤雨的天气，对剑麻叶片生长及提高纤维品质有利。但年降水量过多，雨季太集中，或排水不良时，则其根系生长及养分吸收受影响，且易感染斑马纹病。此外，阴雨天气过长也会加重寒害，诱发炭疽病。

（3）光照

剑麻是喜阳植物，需要充足的光照才能正常生长发育。在充足阳光下，植株长势健壮，展叶数多且宽厚，颜色灰绿，蜡粉多，叶片质地坚硬，抗性强，纤维发育良好，拉力强；反之阴雨天太多，植株生长在荫蔽条件下，阳光不足，叶数少，叶片窄而薄，蜡粉少，颜色深绿，质地柔软，栅栏组织发达，纤维拉力差，抗性弱。

（4）风

剑麻对风有一定的适应能力。微风可以促进植株群体内部的空气流通，调节田间土壤湿度，减轻或防止幼龄植株受斑马纹病的侵染，同时增进土壤中气体的交换，促进根系吸收氧气。强风对剑麻影响不大，而台风可使叶片摩擦损伤或折断，甚至连根拔起。而且台风雨可引起大幅度降温，造成温差大而引发黄斑病，大量降水还会引起斑马纹病的发生与蔓延。因此，在易受台风侵袭的地区为剑麻田设置防护林是很有必要的。

2. 剑麻对土壤条件的要求

（1）土壤 pH

剑麻对土壤 pH 的适应范围较广。但由于剑麻原产于高温干旱的半荒漠地带，原产地年蒸发量是年降水量的数倍，使得土壤中钾、钙、镁等基础性元素含量较高，土壤 pH 接近中性。因此，剑麻喜欢中性的土壤环境，多个试验结果表明在 pH 为 7 的土壤环境中剑麻长得最好。我国剑麻种植区的土壤绝大多数为酸性土壤，pH 在 5 左右，尽管剑麻可以生长，但适当施用石灰提高土壤 pH 有助于剑麻生长。

（2）土层深度、土壤质地和土壤肥力

剑麻耐旱耐瘠，对土壤质地要求不高，在沙土、壤土、黏土上均可生长。但剑麻根系发达，年生长量大，在土层深厚、土壤肥沃、通透性好的中壤土到轻黏土上生长更好。在贫瘠的沙土上种植应注重土壤培肥和加大肥料投入。

（3）土壤排水性能

剑麻喜排水良好的土壤环境，土壤积水时容易感染斑马纹病等病害。因此，适合在缓坡地和容易排水的平地栽培，不宜在排水不良的低洼地种植。在土壤质地黏重的平地上种植时，应修好排水沟。

（4）土壤管理

营造剑麻适生的土壤环境，培育庞大的根群，促使剑麻茎增粗，粗壮的麻头是高产的基础。

①幼麻期土壤管理

剑麻是须根系植物，其庞大的根系是由许许多多从茎基部长出的粗根及其各级支根组成的，集中分布在0～40厘米的土层中，具有浅生好氧的生长习性。疏松培肥的土壤有利于剑麻根系的生长，可促进其根多、叶茂、茎粗。因此，抓好幼麻期的土壤管理是获得高产的关键。深翻改土，尤其是种植剑麻的山地梯田，心土重，容易板结，结合梯田壁铲草，实行上翻下培、扩大梯田、培土护根、引发新根，是培育剑麻平衡而庞大的根群的有效土壤管理措施。

②投产麻园的土壤管理

对剑麻的土壤管理实际上是对剑麻的根系管理。深翻松土，一是可以熟化土壤，改善土壤的理化性状，二是可以适当挖断一些粗根，从而诱发大量的支根和新根，扩大根系的吸收面。就像对果树进行树冠修剪的道理一样。因此，每年至少要进行一次中耕松土。利用秋冬季节除草清园和浅翻松土，夏季扩大梯田，培土成畦，护根引根。同时有利于剑麻田排水良好，对防治剑麻斑马纹病有较好的效果。

3. 优势区域布局

（1）主要依据

①生态条件

优势区域所在县（市、区）年平均气温≥22℃，≥10℃的年积温7 400～9 100℃，年平均极端低温＞3℃，年平均降水量1 200～2 500毫米，土层较厚，坡度≤15°，地下水位低于1米，排水良好，土壤通透性较好。

②产业基础

具有较长的剑麻生产历史、较好的基础设施和技术条件，集中连片种植区域科技发展水平较高，经营管理、种植技术及推广力量较强。具有健全的加工体系，并拥有稳定的市场。

③比较优势

生态气候、土壤等方面的资源优越。生产、加工等方面具有技术优势。剑麻产业相对于当地的其他经济作物比较效益较高。

（2）优势区域

总体上，我国拥有两大剑麻产业优势区域，包括粤西优势区、桂南优势区。

①粤西优势区

基本情况：本区域属热带季风性气候，年平均气温≥22℃，≥10℃的年积温8 200～9 100℃，年平均极端低温＞3℃，年平均降水量1 600～1 900毫米；土层较厚，坡度≤15°；地下水位在1米以下，排水良好；土壤为通透性较好的壤土、中壤土或轻黏土；生态环境好，土地肥沃，水源充足。

本区域包括广东湛江的徐闻、雷州、廉江等3个县（市）。2023年种植面积4.2万亩*，年产纤维0.54万吨，分别占全国总种植面积、年总纤维产量的19.24%和8.93%。

发展优势：本区域生态环境适宜，为传统种植区，是我国最早规模化种植剑麻的地区之一，种植面积稳定，拥有配套的加工基地。种植技术推广力度较强，产业基础较好，有省级农业龙头企业1家，省级名牌产品5个。剑麻科研与技术推广基础较好，交通发达、便利。

限制因素：本区域为台风多发区，强台风可能会对剑麻种植造成一定损失；新菠萝灰粉蚧、紫色卷叶病等病虫害较为严重。

主攻方向：完善剑麻生产基地配套建设，提升剑麻园现代化管理水平；通过现代育种技术选育高产、抗病优良新品种，完善病虫害监测与防控体系；改造传统加工设备，开发新产品新技术。

②桂南优势区

基本情况：本区域属南亚热带气候，雨、热资源丰富，且雨热同季；年平均气温≥22℃，≥10℃的年积温7 400～8 500℃，多年平均极端低温＞3℃，年降水量1 200～2 100毫米；土层较厚，坡度≤15°；地下水位在1米以下，排水良好；土壤为通透性较好的壤土、中壤土到轻黏土。

本区域包括崇左的龙州、扶绥，南宁的武鸣，钦州的浦北，玉林的陆川、博白等6个县（区），是我国最大的剑麻产区，2023年种植面积17.6万亩，纤维产量5.40万吨，分别占全国总种植面积、年总纤维产量的80.76%和91.07%。

发展优势：本区域是剑麻传统种植区，种植基础好、规模大、面积稳定、栽培技术成熟、纤维质量好、加工水平高，有省级龙头企业1家。

限制因素：个别年份可能会受到寒害影响；斑马纹病和茎腐病等病害常有发生。

主攻方向：选育剑麻抗病、抗寒优良新品种；通过标准化生产技术的提升，有效防控主要病虫害；改造传统加工设备，开发新产品新技术。

---

* 亩为非法定计量单位，1亩≈667米²。

（四）剑麻主要品种

我国剑麻育种工作起步较晚，基础薄弱，初期主要以引进品种为主。如1963年引进高产良种 H. 11648，经试种后大面积推广，已成为我国目前的当家品种。H. 11648虽然丰产，但不抗斑马纹病和茎腐病。为选育抗病高产的剑麻新品种，1971年后，我国的剑麻科研机构开始了抗病高产新品种选育工作，经过10多年的有性杂交育种，培育出了一些较抗病的 F_1 代杂交品种，如粤西114、广西76416、东16等。这些杂种抗病性较强，在斑马纹病和茎腐病区补植和种植，效果较好。近年来，我国剑麻育种工作者利用回交法对杂种 F_1 代进行回交，在改良杂种 F_1 代的不良性状方面取得了进展。如剑麻粤西114与 H. 11648回交培育出的南亚1号，其叶片产量、抗性和叶片性状等均优于粤西114，但与 H. 11648相比，其生产周期短、叶片大、叶基厚、纤维率偏低，尚未达到理想的培育目的。在杂交育种过程中，摸索出了一些杂交技术，如调整花期、提高人工授粉稳实率和成果率的方法等。同时，对剑麻花粉贮藏方法的研究取得了成果，解决了育种中有性杂交花期不遇的难题。对剑麻的产量性状遗传、边刺遗传、抗性遗传等主要性状的遗传规律进行了初步探索，为杂交亲本的选择提供了依据。此外，利用单株选择的方法还选出了一些优良植株，如东方红农场在有刺番麻园中选出无刺番麻，在斑马纹病重病区选出较耐病的东5号、东74等，为今后开展群众性选育种打下了基础。在辐射育种方面也进行了一些有益的探索，如广西壮族自治区亚热带作物研究所利用钴处理 H. 11648种子和幼苗，初步筛选出了桂辐4号。以下介绍剑麻主要品种及其特点。

1. 普通剑麻

普通剑麻别称西沙尔麻、琼麻。原产中美洲，叶厚，狭长，长1～1.5米，宽8～13厘米，厚0.6～0.8厘米，直立，呈剑形，边缘无刺或具微刺。生命周期6～10年，一个生命周期产叶230～280片，年产叶30～40片。纤维率4.0%～4.5%，一般每公顷产纤维1.125～1.875吨。纤维粗硬而洁白，具光泽，束纤维拉力达85～90千克/克.30厘米，为龙舌兰属植物纤维拉力最强的一种。五倍体，自交不育，人工截短花轴可得到成熟的蒴果。耐寒力较差，易发生生理性叶斑病。叶汁可提取海柯皂苷元、红光皂苷元、海南皂苷元、剑麻皂苷元和格罗里沃皂苷元等皂素，可以制造可的松等贵重药品。

2. 灰叶剑麻

原产于墨西哥。莲座叶丛大、茎粗，叶片刚直、疏生、剑形，叶长1.0～1.5米，宽10～13厘米，叶灰绿色，叶缘着生暗褐色粗、长边刺，长3～6毫米，顶刺粗壮，圆锥状，长2～3厘米。一个生命周期10～25年，但在墨西哥可长达30年。一个生命周期可产叶270～330片，年产叶20～30片。纤维率约4%，每公顷产纤维1.5～

1.875 吨，束纤维拉力 50～60 千克/克·30 厘米。五倍体，杂交后代不育。但在海南岛和雷州半岛却能产成熟的蒴果。抗寒、抗病虫害能力强，叶汁含海柯皂苷元、剑麻皂苷元、绿莲皂苷元、芰脱皂苷元等数种皂苷元。

3. H. 11648

H. 11648 别称东 1 号，是 20 世纪 70 年代以来中国大面积推广的高产、较耐寒的当家良种。H. 11648 由东非坦桑尼亚剑麻试验站育成。以假菠萝麻为母本、蓝剑麻为父本进行杂交，获得有性杂种 F_1，再利用开花的 F_1 作为亲本与蓝剑麻回交而获得有性杂种回交一代 BC_1，通过系比、选择、培育而成。属于良种，叶片多，叶色蓝绿，叶缘无刺，叶密生，刚直，比剑麻稍短而宽，叶长 1～1.4 米，宽 10～15 厘米，一个生命周期产叶 550～660 片，年产叶 50～70 片。生命周期 10～13 年，具丰产性，纤维率 5％，每公顷产纤维 2.7～3.75 吨。产量比普通剑麻高 1～2 倍。纤维较细有光泽。束纤维拉力 80～85 千克/克·30 厘米，仅次于普通剑麻。耐寒力强，能耐－3.5℃的低温和 380℃的积寒。但易感染斑马纹病，田间管理差，土壤肥力下降时，也易感染黑曲霉引起的茎腐病。体细胞染色体数目为 60，为二倍体，后代可育，可作杂交亲本。叶汁可提取剑麻皂苷元、海柯皂苷元、绿莲皂苷元及曼诺皂苷元等甾体皂苷元。

4. 马盖麻

马盖麻别称亚洲马盖麻或狭叶龙舌兰。原产于东印度。叶绿色或灰绿色，较窄、薄，长 120～150 厘米，宽 6～9 厘米。叶缘具暗褐色的钩状刺，顶刺长 1～2 厘米。生命周期 6～10 年。一个生长周期产叶 250～300 片，年产叶 35～45 片。纤维率高，一般 5％～6％，高达 7％～8％，每公顷产纤维 1.875～2.25 吨。纤维洁白，强韧，富有弹性。束纤维拉力约 76 千克/克·30 厘米。三倍体，后代不育，自然授粉不结果，经人工截短花轴后能结少量蒴果。叶汁可提取谷甾醇皂苷元、新替柯皂苷元、海柯皂苷元、芰脱皂苷元、绿莲皂苷元、曼诺皂苷元等甾体皂苷元。

5. 番麻

番麻别称宽叶龙舌兰、世纪树。原产于中美洲。番麻叶片少而宽，叶缘有钩齿，一个生命周期 15 年以上，产叶仅 150～200 片，年产叶 20～25 片。叶长 1～1.5 米，宽 15～20 厘米。纤维率 2.5％～3.0％，每公顷产纤维 0.525～0.75 吨。束纤维拉力 45～55 千克/克·30 厘米，拉力较差，但耐寒力、抗病虫害能力强，较小幅度的温差变化和零下几度的低温均不受害，分布甚广。体细胞染色体数目为 60、120、180 及 240，分别为二、四、六及八倍体。后代可育，可产生成熟的蒴果，可作杂交亲本。叶汁可提取海柯皂苷元、曼诺皂苷元、12-表罗克皂苷元、9-脱氢海柯皂苷元、绿莲皂苷元、芰脱皂苷元、罗克皂苷元、剑麻皂苷元等 8 种甾体皂苷元，其中海柯皂苷元含量较高，经济价值较高。

6. 蓝剑麻

原产于东非。叶片蜡粉厚，呈灰蓝色，故称蓝剑麻。叶片大，长 1.5～2 米，宽约 15 厘米，具纵沟，叶缘无刺，顶刺较短，但基部宽大，下有一细条黄色组织，一个生命周期产叶约 200 片，年产叶 25～30 片。纤维率 3.5%～4.0%，束纤维拉力约 80 千克/克 . 30 厘米。纤维长且细，较抗寒，但夏季易发生日灼病。体细胞染色体数目 60，为二倍体，是良好的杂交亲本。

7. 假菠萝麻

假菠萝麻又称短叶龙舌兰。一个生命周期 10 年以上。叶片特多，一个生命周期产叶 1 000 片以上，年产叶 90～100 片，纤维率约 4%。叶密生，短而多刺，叶长 50～70 厘米，为常见龙舌兰品种中叶片最短的一种。束纤维拉力约 80 千克/克 . 30 厘米。因叶片短、叶缘有刺而没有集约栽培价值。但由于叶片特多，可作杂交亲本。体细胞染色体数目为 60 或 120，为二倍体或四倍体，杂交后代可育。叶汁可提取剑麻皂苷元和绿莲皂苷元。

8. 粤西 114 麻

中国热带农业科学院南亚热带作物研究所用 H. 11648 为母本，普通剑麻为父本进行杂交选育的 F_1 代株系。具有比较强的抗斑马纹病能力。生长周期 8 年，株型高大，单株叶片比 H. 11648 少，叶大而长，叶基较厚，单叶重，叶深绿色，粗生耐瘠瘠，抗风，适应性广。纤维率约 4%，叶片产量与 H. 11648 差异不显著，具有一定的丰产性。缺点是生命周期短，幼苗期叶缘有刺，叶基厚，管理、收割和加工比较困难。

9. 76416

广西壮族自治区亚热带作物研究所以有刺番麻为母本，以 H. 11648 为父本，进行有性杂交初步培育的 F_1 代单株株系，具有较强的抗斑马纹病能力，粗生快长，适应性强，单株生长周期 11 年，一个生长周期产叶 534 片。割叶 475 片，叶片产量和干纤维产量与 H. 11648 差异不显著，基本接近 H. 11648 的产量水平。但周期平均纤维率 3.8%，比 H. 11648 低，纤维拉力 59.5 千克/克 . 30 厘米，比 H. 11648 差。剑麻皂素中的海柯皂苷元含量比 H. 11648 高 2.84 倍。栽培 76416 既可收获纤维，又可提取海柯皂苷元，具有较高的综合利用价值。

10. 东 16 号

广东省国营东方红农场以 H. 11648 为母本，以普通剑麻为父本进行杂交选育的 F_1 代株系。生长周期 8 年，一个生长周期产叶 425 片，叶片短而宽、刚直，植株下部展叶角度大，叶缘无刺，叶基宽厚，顶刺粗大。抗寒，比较抗斑马纹病。

二、剑麻产业发展历程

剑麻原是墨西哥的一种野生植物，广泛分布于墨西哥东南部的尤卡坦（Yucatan）

半岛，主要分布在南、北纬 30°范围内的热带、亚热带地区的非洲、南美洲、亚洲等地，在巴西、坦桑尼亚、中国、肯尼亚、海地、马达加斯加、墨西哥及摩洛哥等 21 个国家种植，相传剑麻纤维曾被古代玛雅人用于搬运巨石建造金字塔。

（一）世界剑麻产业发展历程

19 世纪 80 年代，欧美国家出现了农业割捆机，随之带来对低价麻绳的大量需求，剑麻的商业价值由此被发现，并在全球传播。剑麻种植先从墨西哥引入美国，后又推广到加勒比海、巴西、非洲的坦噶尼喀、肯尼亚等地区，成为殖民掠夺的一种手段。直到 20 世纪上半叶，欧美国家的农业机械化速度加快，并且两次世界大战、朝鲜战争相继爆发，因二战需要，剑麻工业长足发展（德国和英国在东非种植剑麻，为前线供应战争用麻），促进了全产业的崛起；二战结束后到坦桑尼亚和肯尼亚独立期间，英国殖民统治坦桑尼亚、肯尼亚两国，世界正百业复苏，剑麻与各业发展同行，市场需求稳定，至 50 年代初期，世界剑麻收获面积达 900 多万亩，纤维年总产量达 40 多万吨；60 年代中期达历史最高水平，1964 年收获面积达 1 590 万亩，纤维总产量达 87 万吨；此后英国殖民时期结束，又因化学纤维产品问世，尤其是聚丙烯在包装麻绳和其他绳索中的应用，替代了剑麻纤维绳产品，加上气候变化等多种原因导致剑麻逐渐减少，到 70 年代后期剑麻收获面积减至 945 万亩，纤维总产量仅有 49 万吨；然后到 90 年代，剑麻收获面积降至 750 万亩左右，纤维总产量仅 30 多万吨；与此同时，剑麻亩产纤维由 50 年代的 46.67 千克提高至 90 年代中的 60 千克。单产提高，归功于行业竞争，促进了剑麻科技的应用，如先进栽培技术和高产新品种的开发推广等。

到 2023 年，世界剑麻收获面积为 365.55 万亩，纤维产量为 25.8 万吨。目前巴西是第一大剑麻生产国，在 20 世纪 40 年代末到 70 年代中期的 20 多年时间里，剑麻产量由 3 万吨增至 30 多万吨，在 70 年代后期至 90 年代初的世界剑麻产业举步维艰之时，仍产剑麻纤维 20 多万吨。坦桑尼亚目前为第二大剑麻生产国，有"剑麻之国"之称，1950—1964 年为其剑麻生产发展的巅峰时期，剑麻收获面积曾高达 390 万亩，年产纤维 23 万吨，为当时世界最大的剑麻生产国，后因 H.11648 受斑马纹病侵扰，剑麻产量和收获面积下降，尤其是进入 70 年代中期以后，剑麻业日渐萎缩，目前收获面积、单产和总产分别为 67.35 万亩、50.67 千克/亩和 3.6 万吨。而肯尼亚为世界第四大剑麻生产国，1948—1974 年为其剑麻业发展的黄金时期，收获面积、单产和总产分别高达 120 万亩、75 千克/亩和 8.7 万吨。受斑马纹病侵扰，进入 70 年代中期以后，其剑麻产业渐趋萎缩，目前收获面积、单产和总产分别为 38.1 万亩、60 千克/亩和 2.3 万吨。

（二）我国剑麻产业发展历程

我国 1901 年由华侨从国外首次引种狭叶番麻，在福建省滨海地区种植，之后又引进灰叶番麻、宽叶番麻、假菠萝麻和普通剑麻，分别在台湾、广东、广西、福建等省（自治区）的南部种植，但栽培面积不大。我国剑麻种植已有 120 多年的历史，其发展大致可分为四个阶段，其中 2013—2023 年中国剑麻产业发展报告详见第二章至第十二章。

1. 引种试种及开展初加工阶段（1901—1965 年）

我国最早于 1901 年从菲律宾引进普通剑麻，由台北农业试验站试种后，逐渐推广到恒春、旗山一带种植；同年，爱国华侨从菲律宾引进亚洲马盖麻种植于福建省滨海地区。番麻是我国栽培最早的品种，但何时引进无从查考。1912 年台湾纤维株式会社在屏东县恒春半岛建立普通剑麻农场，之后建立叶片纤维加工和制品厂，剑麻在屏东、高雄一带大量种植，成为当地主要经济作物，主要产品有绳索、麻袋、渔网、吊床、毛刷等，至二战时期年均生产纤维 2 000 多吨，在当时经济上占有重要地位，曾博得"东洋之光"的美名。1928 年有华侨从菲律宾引进普通剑麻在海南岛的临高县马袅港附近种植，后传播到澄迈县的福山镇及全岛各地，其中以昌感（现昌江、东方一带）、崖县栽培面积最大。据 1954 年调查，海南岛保存下来的普通剑麻主要分布在昌感和澄迈福山，其中昌感 8.15 万株、福山 4 267 株。同年，广东农垦从海南岛现有的普通剑麻母株中繁殖种苗，并在海南的澄迈县福山镇（红光农场）、临高县多文镇（红华农场）共种植 2 340 亩；1959 年，广东农垦在海南垦区的 8 个农场共种植普通剑麻 14 700 亩，后因致力于发展橡胶而停止种植剑麻，至 1966 年剑麻仅存 9 705 亩。广东省雷州半岛的粤西垦区 1954 年 2 月开始筹建东方红垦殖场，从徐闻县迈陈镇等地收购番麻苗种植，到 1956 年末，番麻种植面积已达 34 617 亩，1957 年停止番麻种植；1954 年 8 月，从海南引进普通剑麻苗 1 571 株，在 6 队（现 13 队）种植 9 亩，1958 年扩种到 112.5 亩；至 1964 年全场收获面积已达 33 422.55 亩，其中番麻 28 453.5 亩、普通剑麻 4 819.05 亩，平均亩产鲜叶 470 千克。华南垦殖局广西分局从海南运回普通剑麻苗 1 000 多株安排在广西宁明的天西垦殖场试种；1956 年 6 月，又从海南引进番麻苗 13 万株和剑麻苗 1 万株，在广西陆川马坡农场建立试种基地 513 亩；到 1961 年在玉林、南宁、百色等地试种普通剑麻和番麻总面积达 1 905 亩。1956 年，福建省农业厅从海南红光农场引进普通剑麻苗到福建试种，1961 年又从华南热带林业科学研究所引种灰叶剑麻。

1963 年 4 月，由华南热带林业科学研究所从东非坦噶尼穆诺剑麻试验站引回 H.11648 苗 22 株，其中 21 株同年 7 月交东方红农场试验站负责繁殖，编为"东 1 号"。1965 年，我国外交部通过驻坦桑尼亚大使馆从该国再引进 H.11648 苗 300 株，又移交东方红农场繁殖。H. 11648 是龙舌兰杂种第 11648 号的简称。H 是杂种（英文）的第一个字母，11648 是杂种的编号。该品种生长快，总叶片数比本地剑麻多81.5%，比东非剑麻多 48.7%，叶片长度比本地剑麻和东非剑麻长 6%～10%；抗寒力强，1964—1965 年在雷州半岛越冬低温 4～5℃的条件下，没有一片叶受寒害；缺点是易感斑马纹病。广西农垦 1965 年 5 月和 1966 年 6 月分两批从华南热带作物科学研究院引进 H. 11648 种苗 85 株，安排在广西壮族自治区热带作物研究所南宁试验站试种。1964—1967 年，福建省热带作物科学研究所、厦门同安白沙仑农场、凤南农场先后从华南热带作物科学研究院和广东湛江东方红农场引进 H. 11648 种苗进行试种，共 4 批 418 株。

1956 年广东农垦分别在海南垦区的红光农场和红华农场建立剑麻叶片纤维机械化加工厂各 1 间，采用手喂式刮麻机加工提取纤维，日均处理叶片 20 吨；1957 年粤西垦区东方红农场派员到海南红光农场学习，之后建立了两间配备手喂式刮麻机的剑麻叶片纤维加工厂；1958 年，在东方红农场建立第三纤维厂，由南华农垦总局通过香港怡和机械有限公司从英国进口成套设备，主要是英国产罗比（ROBEY）刮麻机、蒸汽干燥机和 450 马力*的柴油机，配套苏联产 156 千瓦发电机，但因多种原因无法投产，后经设备改造和完成配套到 1968 年才正式投入使用，日均处理麻片达 150 吨；1958 年在东方红农场建立了第一间剑麻制绳厂（采用 50 年代初日制旧设备，主要有50 台单锭纺纱机、3 套制绳机和 6 台自制的手拉圆梳机等），7 月正式投产，当年产剑麻绳 80 吨。

2. 剑麻良种推广应用阶段（1966—1977 年）

H. 11648 引进试种获得成功后，迅速在华南垦区得到大面积推广，并成为我国的当家种，不但在广东省国营东方红农场发展到 30 000 亩，使广东成为我国最大的剑麻生产基地，而且在我国东起浙江省定海区（东经 122°7′），南到海南省东方市、三亚市（东经 18°10′），西至云南大理白族自治州（东经 100°11′），北至浙江省平阳县（北纬 27°09′）的广大地区都有少量种植，但以广东、广西、福建以及海南种植面积较大。到 1977 年底，全国剑麻主产区剑麻种植总面积已达 29 万亩（湛江垦区 8 万亩、海南垦区 1.9 万亩、广西垦区 5.1 万亩、广西地方 12 万亩、福建 1.8 万亩），其中投产收获面积约 9 万亩，总产直纤维 0.9 万吨，平均亩产直纤维约达 100 千克。其间，剑麻叶片加工手喂式刮麻机已得到普及应用，1971 年广东农垦东方红农场引进罗拉式自动刮麻机替代手喂式刮麻机获得成功，后经湛江农垦第二机械厂技改成为G-150 型自动刮麻机；白棕绳加工在广东农垦东方红农场和海南红光农场已实现规模化生产，1977 年东方红农场白棕绳产量达 3 744 吨；在中国医学科学院药物研究所和

---

　　* 马力为非法定计量单位，1 马力=735.49875 瓦。

华南热带农产品加工设计研究所等科研单位的努力下，从剑麻叶片加工产生的废水中提取皂素（海柯皂苷元和剑麻皂苷元）获得成功并实现产业化，分别在福建同安、南宁六·二六制药厂和东方红农场建立了皂素提取车间，其中东方红农场与上海医药研究所、上海第九制药厂合作，1977年生产皂素3.2吨。

3. 产业快速发展阶段（1978—2000年）

1977年12月12日至1978年1月25日，国务院在北京召开了全国国营农场工作会议，会议决定"在雷州半岛、广西、福建重点发展剑麻，1980年生产剑麻纤维万吨，实现我国剑麻纤维自给"；1980年7月31日国家计委复函国家农垦部"同意国营农场和华侨农场生产的剑麻纤维和白棕绳的分配销售划归农垦部统一管理，为扶持国内剑麻生产，今后原则上不安排剑麻纤维进口，为扩大销路，以利生产，同意组织安排出口"；其后又出台了将垦区剑麻种植项目纳入国家贴息贷款计划等支持政策。此后，我国剑麻生产一直向前发展，其中广东的湛江，广西的玉林、南宁、百色，福建的同安、漳州、漳浦，以及海南的东方、昌江等是发展剑麻较快的地区。其间，1992年广东、广西、福建、海南剑麻种植总面积175 305亩，收获面积126 105亩；纤维总产27 717.5吨，纤维平均单产220千克/亩；其中广东种植面积86 505亩，收获面积64 905亩，纤维总产11 070吨，纤维单产171千克/亩；广西种植面积66 195亩，收获面积51 195亩，纤维总产13 943.4吨，纤维单产272千克/亩；福建种植面积11 205亩，收获面积9 495亩，纤维总产1 460.1吨，纤维单产153千克/亩；海南种植面积12 105亩，收获面积10 005亩，纤维总产1 244吨，纤维单产124千克/亩。2000年全国剑麻种植面积稳定在21万亩左右（其中，广东79 995亩、广西57 000亩、海南34 500亩、云南12 000亩、福建7 500亩），收获面积145 095亩，纤维总产3.67万吨（其中，农垦2.79万吨，约占全国的76%），单产为253千克/亩。1996年全国剑麻纤维产量最高，剑麻种植面积22.5万亩，收获面积188 505亩，纤维总产达4.9万吨，平均单产为260千克/亩。

在剑麻加工贸易方面，这期间主要是国营农垦工业的快速发展，开发出的剑麻产品有20个系列500多个品种，主要包括剑麻纤维、剑麻纱条、白棕绳、剑麻地毯、剑麻抛光轮、钢丝绳芯、皂素、剑麻絮垫、剑麻墙纸及其他剑麻制品等。但此时期我国剑麻加工业尚处在初级阶段，加工厂多规模小、分散且加工设备陈旧、工艺落后等，因而生产的产品大都属于低档产品，中档产品才占1/4左右。此时以广东农垦"太阳"牌剑麻制品系列产品等为代表的剑麻工业产品，在多次农业博览会上获奖，被国内外市场普遍接受，并部分出口国外。

2000年，全国生产的中档剑麻产品主要有剑麻地毯41.6万米^2，剑麻布0.8万吨，剑麻絮垫16万米^2，剑麻皂素约30吨，剑麻抛光轮300吨。其中出口剑麻布3 500多吨，创汇400多万美元，主要出口产品有剑麻地毯、剑麻抛光轮、剑麻抛光布、白棕绳、剑麻纱条、皂素及剑麻工艺品等，其中剑麻地毯绝大部分出口。

我国台湾地区剑麻业随着越南战争的结束及化纤绳取代剑麻绳而逐渐退出市场，1987 年恒春最后一家纺织厂关门，台湾剑麻工业正式成为历史。此后，为发展剑麻旅游业将恒春麻场改为琼麻工业历史展示区，用于观光旅游。

4. 产业稳定发展阶段（2001—2023 年）

进入 21 世纪，中国剑麻逐渐向全产业链构建与提升方向发展。主要体现在：剑麻种植和初加工先是在广东、广西、海南、福建和云南等省（自治区）得到进一步发展，形成了国有剑麻产业以广东农垦、广西农垦、广东华侨农场和福建农垦为主，民营剑麻产业以海南东方、广西崇左、云南广南等地的基地（海南迪发天然剑麻制品有限公司、南宁市盈丰植物有限公司、云南广南县冲天科技剑麻开发有限公司等企业）为主的局面；之后，进一步向广东和广西优势区集中，形成了国有剑麻产业以广东农垦和广西农垦为主的局面，分别拥有以广东省东方剑麻集团有限公司和广西剑麻集团有限公司为代表的剑麻全产业链龙头企业，民营剑麻产业以广西扶绥、平果和武鸣等地的基地为主；此外，还有中国农垦集团有限公司投资坦桑尼亚的剑麻基地（中非农业投资有限公司），以及国内剑麻企业与外国企业合作建立的缅甸、印度尼西亚、柬埔寨等海外剑麻基地，总面积已达 6 万多亩。剑麻机械及制品等加工方面，由广东农垦向广东、广西、江苏、浙江等地扩散，发展成为一批较具规模和竞争力的民营剑麻加工专业企业，主要有江苏大达麻纺织科技有限公司（电梯钢丝绳芯、地毯、纱条、工艺品）、江苏华峰自然纤维制品有限公司（地毯、纱条）、广东琅日特种纤维制品有限公司（剑麻地毯、纱条）、淮安市麦克机械有限公司（加工机械）、江苏万德剑麻有限公司（纱条、地毯、机械）、广西华博新材料有限公司（特种纸和纸浆）、江苏洪泽迈克剑麻有限公司（机械、纱条、地毯）、浙江凯恩特种材料股份有限公司（纸浆和特种纸）、浙江金鹰股份有限公司（剑麻纺织机械）、安徽中兴墙纸有限公司（工艺墙纸）和广西万德药业有限公司（皂素、地塞米松和倍他米松）等。至 2023 年全国剑麻种植面积 21.8 万亩（其中，广西 17.6 万亩、广东 4.2 万亩），生产鲜叶 135 万吨，纤维总产 5.9 万吨，加工制品约 10 万吨，工农业总产值约达 30 亿元。

2019 年，"广东农垦湛江剑麻产区"被农业农村部等六部委认定为"第二批中国特色农产品优势区"，同时被批准建设广东省现代剑麻产业园，于 2020 年经农业农村部批准升格建设国家级现代农业产业园。江苏、广西和广东等多个剑麻加工项目，近年被列入省级产业园区项目，这标志着我国剑麻产业已进入与时俱进的现代化发展新时期。

5. 我国剑麻加工产品分类

目前，我国剑麻加工产品已发展到 20 个系列 500 多个品种，形成了标准化、系列化。主要有以下 17 类：

①纤维类

直纤维、短纤维、叶基纤维、茎干纤维。

②纱线类

直纤维细纱、短纤维细纱、纸浆抽丝纱、混纺纱。

③绳缆类

白棕绳（宠物绳及各种用途绳）、钢丝绳芯（电梯、桥梁、工矿及特种用途）。

④絮垫类

针刺絮垫（厚度6~8毫米），黏合絮垫（机制和手工，厚度6~8毫米）。

⑤门垫类

手织门口垫（分印花和织花），针刺门垫（印花）。

⑥地毯类

原色、染色和绣花等多种款式。

⑦挂毯类

分织花、印花或绘画类型，以及车内、室内装饰材料等。

⑧墙纸类

分原色和染色的墙纸、墙纸网及工艺墙纸。

⑨剑麻布类

分抛光布、抛光轮以及复合抛光材料布等。

⑩洗澡用品类

洗澡带、洗澡手套、洗澡刷。

⑪工艺品类

遮阳帽、茶具垫、扫帚、挂包、袜子，以及宠物屋物件等。

⑫剑麻皂类

海柯皂苷元、剑麻皂苷元、地塞米松等。

⑬化工类

剑麻洗发水、清洁精、纤维软化剂、面膜等。

⑭肥料

有机肥和生物肥。

⑮活性成分

叶绿素、果胶和SOD等。

⑯特种材料

纸浆、特种纸、复合材料板、无纺布、军工产品等。

⑰食品、饲料及食用菌基质

青饲料、混配饲料、草菇基质、龙舌兰酒等。

第 二 章

2013年剑麻产业发展报告

剑麻是世界第六大纤维作物，其纤维产量占世界植物纤维总产量的 2％（植物纤维占世界纤维总产量的 65％），占世界硬质纤维产量的 2/3。剑麻纤维具有纤维长、色泽洁白、质地坚韧、富有弹性、拉力强、耐摩擦、耐酸碱、耐腐蚀、不易打滑的特点，广泛应用于渔业、航海、工矿、运输、石油、汽车、造纸等领域及编织剑麻地毯、工艺品等生活用品行业。

一、世界剑麻作物概况

(一) 产业概况

1. 种植情况

剑麻主要分布在南美洲、非洲和亚洲等洲的国家和地区，目前，世界上有 20 多个国家和地区种植剑麻，十大生产国为巴西、坦桑尼亚、肯尼亚、墨西哥、海地、马达加斯加、摩洛哥、委内瑞拉、中国、莫桑比克，其收获面积总和占全球总收获面积的 97％以上。近年来，世界剑麻产量基本保持稳定。据 FAO（联合国粮食及农业组

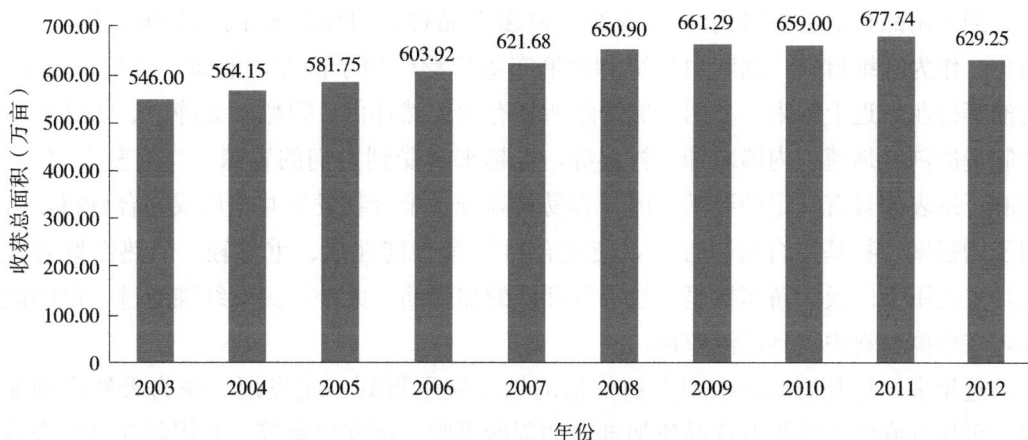

图 2-1　2003—2012 年世界剑麻收获总面积

数据来源：FAO

17

织）统计，2012年，全球剑麻收获面积629.25万亩（图2-1），其中巴西收获面积428.55万亩、坦桑尼亚84.15万亩、肯尼亚43.95万亩、墨西哥41.25万亩、马达加斯加23.25万亩，分别占世界的68.10%、13.37%、6.98%、6.55%和3.69%。2012年，世界剑麻纤维产量31.91万吨（图2-2），其中巴西21.87万吨、肯尼亚2.16万吨、坦桑尼亚1.93万吨、墨西哥1.56万吨、马达加斯加1.43万吨，中国1.20万吨，居世界第六位。

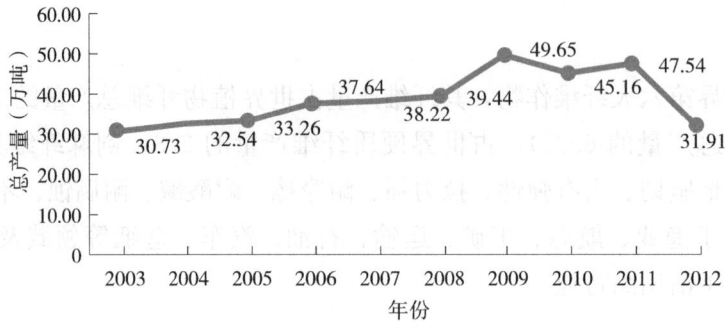

图2-2　2003—2012年世界剑麻纤维总产量
数据来源：FAO

2012年世界剑麻的平均单产为69千克/亩。世界上剑麻单产最高的地区是亚洲，呈现出稳步上升的趋势，到2012年达300千克/亩，是世界单产的4.76倍，其他几个洲的单产都维持在53千克/亩。2012年，中国剑麻单产最高，为313千克/亩，其次是委内瑞拉，为130千克/亩，然后是印度尼西亚88千克/亩、马达加斯加84千克/亩、安哥拉73千克/亩。而剑麻收获面积和产量均居世界首位的巴西单产较低，仅66千克/亩。

2. 加工情况

剑麻制品目前已发展到20个系列500多个品种，初步形成了产品的标准化、系列化。作为纤维材料，剑麻白棕绳和剑麻布等广泛应用于渔业、航海、工矿、运输、石油等行业。近十年来，利用剑麻纤维所特有的天然环保、阻燃、无静电、防蛀等特性制造的剑麻地毯、内墙装饰、衬垫等，也越来越受到人们的青睐。作为复合材料，剑麻纤维表面具有一定的羟基基团，容易与高分子聚合物发生共聚形成复合材料，可用于增强聚合物基复合材料性能，使复合材料具有韧性强、重量轻、隔热性好等优点，主要用于门板、轿车衬里、扶手等部件的加强筋。此外，剑麻纤维通过一定的改性，在摩擦材料中得到广泛应用。

近年来，提升剑麻纤维副产物价值的加工应用得到一定发展。作为天然产物原料，可从剑麻纤维中提取食品添加剂，如剑麻果胶、剑麻皂素等，并用剑麻皂素合成具有抗癌活性的衍生物。在生物工程上，可利用剑麻组织和细胞培养诱导产生蛋白酶。

3. 贸易情况

剑麻产业在全球贸易中所占份额虽然不大，但由于其用途的不可替代性和生长环境的约束性，在交易活动中颇为活跃。2008年至今，剑麻产业在全球贸易中的所占份额每年以10%～15%的速度增加。2009年世界剑麻出口量13.45万吨，2010年14.8万吨，2011年达16万吨，出口额为11.2亿美元。预计2013年世界剑麻进出口贸易量将进一步增加。巴西、坦桑尼亚、肯尼亚是主要的剑麻出口国，剑麻出口量一直占世界前三位，其中巴西的剑麻出口量占世界剑麻出口总量的60%。

4. 消费需求情况

目前全世界每年对剑麻的需求量约为80万吨。其中欧盟各国、美国、澳大利亚等每年用于包装捆绑及牧草打包等方面的剑麻绳纱需求量为30多万吨，用于石油钻探、森林伐木运输、冶金等方面的需求量为20多万吨，用于剑麻地毯、工艺品、剑麻抛光布、建筑材料等方面的需求量为20多万吨，另外还有用剑麻造高级纸张、做复合材料原料等方面的需求量每年也达10多万吨，而目前世界剑麻纤维年产量约40万吨，供需缺口巨大。

（二）世界剑麻产业发展特点

1. 生产规模保持小幅增长

近十年，受土地资源约束、生产成本增长等因素影响，全球剑麻种植总面积、总产量出现波动，但生产规模总体上保持小幅增长。受种植比较效益下降和劳动力成本上升的影响，我国剑麻种植面积持续减少。

2. 生产国和贸易国进一步集中

全球剑麻生产、贸易向传统生产国和贸易国集中，进出口贸易规模进一步扩大。巴西、坦桑尼亚、肯尼亚等主要生产大国的种植面积保持增长态势，巴西剑麻种植面积从2003年的332.40万亩增长到了2012年的425.55万亩，增长28.02%，坦桑尼亚从2003年的69万亩增长到了2012年的84.75万亩。

3. 重视剑麻纤维的质量

剑麻工业化产品用途的多样化，对剑麻纤维质量的要求越来越高，各国普遍重视剑麻纤维的初加工，用自动化打麻机打麻的比例有较大提高。

（三）支持政策

坦桑尼亚的剑麻管理委员会、剑麻协会共同出资支持将剑麻分散经营改为集约经营，将个体农民组织起来，增加工业投资，兴建大型工厂，从而提高产品质量，降低生产成本；提出扩大企业自主权、自负盈亏等措施，提高了剑麻种植的积极性。东非通过增加剑麻投资，加强麻田管理，提高工人工资，使剑麻产量得到迅速提高。肯尼亚通过对外统一销售价格，向美国、俄罗斯和欧洲各国派出推销小组等政策或措施，为其本国剑麻产品打通了国际销路。巴西通过增加对剑麻纤维制品工业投资，变纤维出口为制品（主要是绳索和地毯）出口，提高产品价格及价值，同时，通过加大对新产品的研发投入，增加产品附加值。

二、 我国剑麻作物基本情况

(一) 生产情况

1. 种植面积、收获面积

我国剑麻种植主要分布在热带及南亚热带的广东、广西、海南等省（自治区），福建和云南有零星种植。我国剑麻主栽品种主要是 H. 11648。据农业部南亚办统计，2013 年我国剑麻种植面积 47.42 万亩（图 2-3），同比减少 3.42%，其中广西种植面积 36.7 万亩、广东 8.55 万亩、海南 1.65 万亩，分别占全国总种植面积的 77.39%、18.03%和 3.48%。

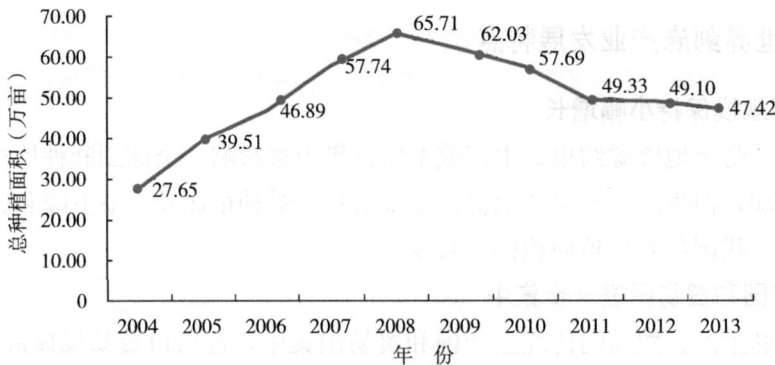

图 2-3 2004—2013 年全国剑麻总种植面积
数据来源：农业部南亚办

2. 产量、单产、产值

据农业部南亚办统计，2013 年，全国剑麻总产量为 10.99 万吨（图 2-4），同比增长 4.77%，其中广西 7.06 万吨、广东 3.51 万吨、海南 0.39 万吨，分别占全国总产量的 64.24%、31.94%和 3.55%。全国平均单产 305.91 千克/亩，同比增长 5.25%。全国剑麻总产值为 6.11 亿元，同比减少 9.08%。

(二) 产业经营方式

我国剑麻经营主体以龙头企业带动、农户承包为主，种植规模相对集中，组织方式为"企业＋基地＋农户"，还有部分是个体农户分散种植。但由于各项改革配套措

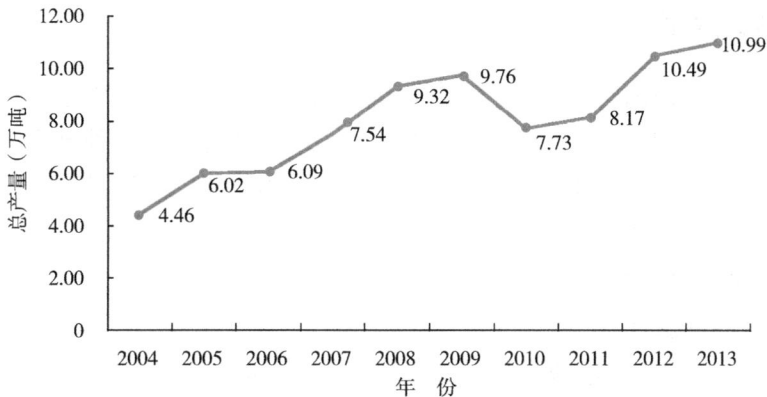

图 2-4　2004—2013 年全国剑麻总产量

数据来源：农业部南亚办

施还不够完善，以往计划经济的传统习惯在许多方面与市场经济体制存在着不相适应的矛盾，主要体现在麻片收购价格未与市场接轨，"企业＋基地＋农户"的关系未理顺等。

（三）生产加工

目前，全国拥有各类剑麻加工厂 60 多家，从业人数约 5.2 万人，产值约 15 亿元。研制开发的剑麻产品 400 余种，主要包括剑麻纤维、剑麻纱条、白棕绳、剑麻地毯、剑麻抛光轮、钢丝绳芯、剑麻墙纸及其他剑麻制品等。近年来，除部分剑麻纤维直销外，其他大部分纤维加工成剑麻纱条、白棕绳、剑麻抛光布及剑麻地毯等进行外销。由于品牌信誉好、花色多、质量稳定、销售网络广，中国剑麻产品畅销欧洲、美国、东南亚、中东、日本、韩国等 30 多个国家和地区。随着新的剑麻纤维制品的成功开发，剑麻纤维的应用领域也不断拓展，人们对剑麻产品如剑麻地毯、以麻代棉工业用布、剑麻抛光轮等的使用将日益广泛。特别是剑麻与塑料混合制作可降解塑料、汽车工业用复合材料等的开发成功，使剑麻的总需求量不断增长。

另外，近年来剑麻麻渣、麻汁的综合利用技术逐步发展，如用剑麻麻渣、麻汁提取剑麻皂素、果胶、乱纤维及用于生产有机肥。目前多家公司从全自动打麻机厂按 15～30 元/吨麻片的计价回收麻渣、麻汁，用于提取剑麻皂素和果胶，按 5～10 元/吨麻片的计价回收剑麻乱纤维并用于生产有机肥，除去综合利用工厂的收益，麻片附加价值在 50 元/吨以上。但手拉式打麻机分散加工，麻渣、麻汁不集中，难以回收利用，目前剑麻麻渣麻汁的综合利用基本限于全自动打麻机的使用。这样计算，全自动打麻机的效益更加明显，并可有效解决环境污染问题，有明显的社会效益和生态效益。

（四）科研水平

我国已经建成以中国热带农业科学院为首，由广东、广西有关院校和农垦及剑麻企业组成的剑麻科研体系，涉及剑麻种质资源、新品种选育、良种繁育、栽培技术、病虫害防控、加工和综合利用等领域。2008 年初，国家启动了包括麻类作物在内的50 个农业产业技术体系建设工作，剑麻位列其中，目前设立了岗位专家 2 个，区域试验站 2 个。近 2 年主要科研成果如下：

1. 剑麻新品种选育

中国热带农业科学院已搜集剑麻种质资源 80 多份，对剑麻斑马纹病抗性进行了研究，选育出最适合与 H. 11648 杂交的抗病种质，开展了杂交育种研究，研发出H. 11648 剑麻组培快繁技术。

2. 剑麻栽培技术

建立了我国剑麻主产区土壤数据库，提出了麻田测土配方平衡施肥技术；发现剑麻间种柱花草等豆科作物可显著减轻水土流失，增加土壤有机质，提高土地产出率；开展了剑麻基本全程机械化耕作示范。

3. 病虫害防控技术

研究形成了一套剑麻抗斑马纹病的鉴定技术；发现剑麻介壳虫害虫 6 种，其中新菠萝灰粉蚧是严重危害剑麻的外来入侵害虫，并与剑麻紫色卷叶病的发生有关；提出了剑麻斑马纹病、茎腐病、炭疽病及粉蚧防治技术。

4. 剑麻综合利用

研究表明剑麻含有丰富的皂苷，是合成甾体激素类药物的医药中间体和重要原料；剑麻果胶和蛋白酶可应用于食品、医药、日化及纺织等多种行业；剑麻对铅有很强的吸收性，对镉重度污染的土壤也具有一定的修复作用。

三、剑麻作物市场分析

（一）全年价格走势

2013 年，广西、广东、海南三个剑麻主产区市场价格走势平稳，全年地头平均价格约 8 元/千克，但剑麻纤维特别是优质剑麻纤维供不应求，如广西剑麻集团有限公司生产的剑麻纤维市场需求强劲，广东顺德的华日剑麻制品出口供不应求。

（二）进出口情况

据海关统计，2013 年，我国进口剑麻等纺织龙舌兰类纤维及其短纤和废麻 3.32万吨，进口金额 4 047.02 万美元，分别同比增长 3.41％和 7.86％；其中，从巴西进口 1.45 万吨，从坦桑尼亚进口 0.82 万吨，从肯尼亚进口 0.59 万吨，从马达加斯加进口 0.40 万吨。2013 年，我国出口剑麻类纤维及其短纤和废麻 147.66 吨，出口金额 23.16 万美元，同比下降 19.8% 和 13.1%，其中，出口利比亚 79.8 吨，出口伊拉克 25 吨，出口沙特阿拉伯 22.5 吨。而我国出口剑麻纤维制品达 6 000 吨，其中剑麻地毯近 1 000 万米^2。

四、 我国剑麻产业发展特点与效益分析

(一) 发展特点

1. 种植面积出现萎缩，但单产提高

我国剑麻 2013 年的种植面积为 46.04 万亩，较"十一五"期末减少了 19.80%，但 2013 年单产达 299.22 千克/亩，较 2010 年提高了 36.01%。

2. 应用领域不断拓展，需求量增加

我国的剑麻制品由最初的单一生产纤维、麻绳发展到目前 20 个系列 500 多个品种。近年来，我国对剑麻及其纤维制品的需求持续增加，已成为剑麻纤维的生产和进口大国。

3. 原料生产基地扩展受到种植成本上升和其他经济作物的严重影响

随着我国工业化城镇化快速发展，加上其他高效短期经济作物的激烈竞争，目前能够用于剑麻种植的土地资源十分有限，同时随着劳动力成本不断上升，经济效益下降，近年剑麻种植面积出现萎缩趋势，产量增幅受限，其产量无法满足国内市场的需要。

(二) 存在的问题

1. 栽培品种单一，新品种选育推广力度不够

目前，我国剑麻主产区主栽品种仍是 H.11648，而该品种除表现一定程度的早衰、退化外，正面临新一轮剑麻病害的威胁，每年因病害死亡的剑麻面积达数百公顷，损失严重。种植品种的长期单一及其老化退化、抗病高产新品种培育力度不够，严重地阻碍着剑麻产业的发展和剑麻制品的创新。

2. 种植投资周期长，缺乏采收机械，生产成本高

剑麻经济收益在定植后 3 年左右才能体现，一般在植后 6 年才达到收支平衡，投资周期较长。另外，麻片采收缺乏采收机械（如割麻机械），而目前人工费用又高（2013 年人工割麻费涨到 90～100 元/吨），难以请到工人割麻，种植效益较低。

3. 原料不能实现周年供应，影响加工企业生产

麻片采收用工费用高，在收麻工资低的情况下，麻农一般不去采收，使加工企业

23

的原料供给不能保证四季供应，导致加工企业不时出现原料供应脱节。

4. 新产品及其生产工艺的研发力度不足

新产品开发滞后，材料搭配、生产技术（如麻线、麻绳的均匀度）等方面仍有待提高。

5. 缺乏相关产业政策的强有力支持

一是剑麻种苗培育难度大，种植期长，投入成本高，缺乏相应的种苗国家补贴。二是加工企业贷款困难。因投资周期长，银行提供贷款积极性不高，导致剑麻制品企业难以通过银行信贷来筹措加工设备更新改造和剑麻收购资金，影响了加工企业的发展。

（三）制约因素

1. 病虫害

由于我国剑麻当家品种仍以 H.11648 为主，但该品种不抗斑马纹病、茎腐病和紫色卷叶病，一旦染病防治的难度较大，容易造成大规模病害流行。

2. 不良气候

剑麻虽然耐干旱，但其叶片产量、纤维含量在严重干旱条件下将有所下降，同时作为主产区的广东、海南极易受台风影响，高温高湿环境极易引发剑麻病虫害的大面积流行，此外，近年不时出现的冬季极端低温寒害也极易给剑麻造成严重损失。

3. 土地与人力资源不足

剑麻种植投资周期长，又是劳动密集型产业，其回报较慢，在当前土地资源与人力资源不足、土地成本与劳动力成本不断上升的情况下，麻农往往选择改种其他回报快的短期经济作物，从而严重影响了剑麻产业的稳步发展。

（四）效益分析

2013 年，以一个麻农种植 20 亩剑麻为例，按亩产纤维 245 千克、纤维单价 8 元/千克计算，总收入 39 200 元。以自动化生产线出麻率 4.8%，割麻费、打麻费分别按 73 元/吨、76 元/吨计算，机耕及肥料费 500 元/亩计算，总支出为 25 147 元，收支盈余 14 053 元，产出投入比为 1.56，亩均纯收入约 700 元。而且每个麻工负责管理 20 亩剑麻是比较轻松的。

剑麻被抽取纤维后所剩余的麻汁和麻渣，可提取剑麻皂素和果胶。剑麻渣中提取的剑麻皂素在国际市场上的价值为 8 万～9 万美元/吨，从剑麻皂素中再提炼出的单烯醇酮和双烯醇酮更是国际医科市场上的新宠，价格约 20 万美元/吨。麻渣、剑麻麻汁还可以用来产生沼气用于发电。同时，剑麻有利于防止水土流失，改善生态环境，对提高丘陵荒坡地表植被覆盖率、改良土壤结构、涵养水土方面也起着重要作用。

五、2014 年产业形势分析预测

(一) 剑麻种植面积与 2013 年持平，产量小幅上涨

预计 2014 年的剑麻种植面积保持在 46 万亩左右，而随着单产的提高，产量将小幅上涨到 11 万吨左右。

(二) 剑麻纤维及其制品市场看好，市场价格保持稳定

受 2014 年全球经济回暖影响，剑麻纤维及其制品市场看好，国内市场综合价格将达 8.2 元/千克左右，同比小幅上涨。

(三) 进出口贸易量、进出口金额将小幅上涨

受需求量增加影响，我国剑麻纤维及其制品进出口贸易量、进出口金额将同比小幅增长，分别达 7.5 万吨、9 000 万美元以上。

(四) 剑麻产业风险可能增加，产业效益有可能受影响

剑麻产业受土地资源、品种退化和病虫害加剧等影响，产量、品质和效益将受影响。

六、政策建议

(一) 加大对剑麻优良新品种选育及病虫害防治的支持力度

由于技术和资金等原因，我国剑麻栽培品种单一，几十年来一直以 H.11648 为当家品种。目前该品种已出现退化现象，需要加大对剑麻优良新品种的选育力度，培育出抗病高产的适合主产区大面积推广种植的优良品种；同时，需加强对剑麻斑马纹病、茎腐病、紫色卷叶病、新菠萝粉蚧等主要病虫害的监测预警和绿色防控技术的研发支持力度。

(二) 加强对龙头企业的扶持，放宽对中小剑麻加工企业的贷款条件

加强对剑麻龙头企业的种植标准化、生产规范化和品牌建设的扶持引导，放宽对中小剑麻加工企业的贷款融资优惠条件，促进中小剑麻加工企业的发展。

(三) 以开发高附加值新产品为重点，完善产业链条

以开发剑麻皂素、果胶、剑麻钢丝绳芯等市场需求旺盛、高附加值的深加工产品

为主，延伸并完善剑麻产业链条。

（四）加强国际合作与交流，实施"走出去"战略

加强与全球剑麻研究机构的合作研究与交流，促进我国剑麻科技发展；同时，实施"走出去"战略，缓解剑麻种植用地与人力资源紧缺的问题。

（五）加强产业风险监测预警力度，构建现代剑麻市场营销平台

在当前全球气候变化面临严峻形势和经济情况不稳的条件下，加强对台风、冬季低温、洪涝等自然灾害的监测预警力度及对全球剑麻市场走向的监测，开展产业风险分析，构建产销对接的现代剑麻市场营销平台，是促进我国剑麻产业增效、农民增收的当务之急。

第 三 章

2014年剑麻产业发展报告

剑麻是龙舌兰科龙舌兰属的多年生热带硬质叶纤维作物，其纤维产量占世界植物纤维总产量的2%（植物纤维占世界纤维总产量的65%），占世界硬质纤维产量的2/3。剑麻种植主要分布在南美洲、非洲和亚洲的20多个国家和地区。剑麻纤维具有坚韧耐磨、质地刚柔、富有弹性、低温下不会硬化脆断、不霉变、耐腐蚀、无毒、不致敏、无污染、防静电等特点，其应用领域十分广泛。

一、世界剑麻作物概况

（一）产业概况

1. 种植

十大剑麻生产国为巴西、坦桑尼亚、肯尼亚、墨西哥、海地、马达加斯加、摩洛哥、委内瑞拉、中国、莫桑比克，其收获面积总和占全球总收获面积的97%以上。近年来，世界剑麻产量趋势基本保持稳定。据FAO统计，2013年，全球剑麻收获面

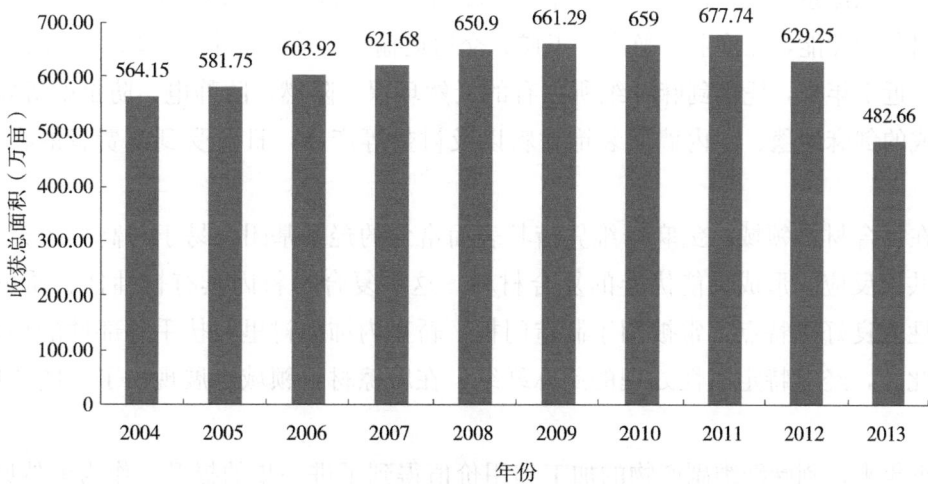

图 3 - 1 2004—2013 年世界剑麻收获总面积

数据来源：FAO

积 482.66 万亩（图 3 - 1），其中巴西收获面积 317.74 万亩、坦桑尼亚 64.44 万亩、肯尼亚 32.19 万亩、墨西哥 29.49 万亩、马达加斯加 17.38 万亩。2013 年，世界剑麻纤维总产量 36.30 万吨（图 3 - 2），其中巴西 24.79 万吨、肯尼亚 2.47 万吨、坦桑尼亚 2.22 万吨、墨西哥 1.79 万吨、马达加斯加 1.64 万吨。中国 1.38 万吨，居世界第六位。

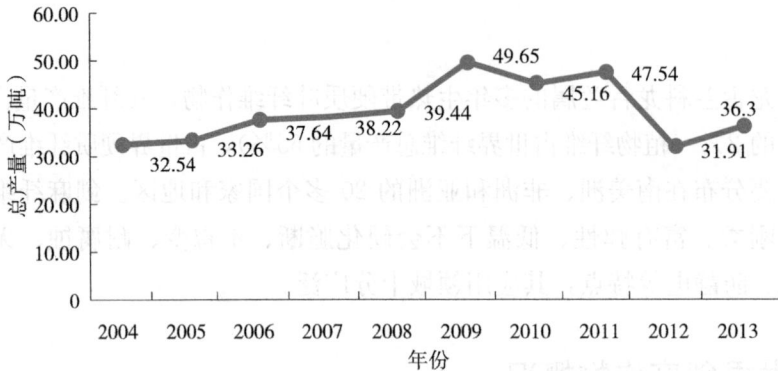

图 3 - 2　2004—2013 年世界剑麻纤维总产量

数据来源：FAO 统计数据

2012 年世界剑麻的平均单产为 63.4 千克/亩。世界上剑麻单产最高的地区是亚洲，且呈现出稳步上升的趋势，中国剑麻单产最高，2012 年单产为 313 千克/亩，到 2013 年达 300 千克/亩，是当年世界平均单产的 4.76 倍。

2. 加工

剑麻制品的品类如今已拓展至 20 个系列 500 多种产品，标志着剑麻产品的标准化与系列化体系已初步构建完成。作为优质的纤维材料，剑麻白棕绳与剑麻布等制品因其出色的性能，在渔业、航海、工矿、交通运输、石油等多个领域均得到了广泛的应用。近十年来，凭借剑麻纤维所独有的天然环保、阻燃、防静电、防虫蛀等特性，所制成的剑麻地毯、室内墙面装饰材料以及衬垫等产品，日益受到消费者的喜爱与追捧。

在复合材料领域，剑麻纤维凭借其表面富含的羟基基团，易于与高分子聚合物发生共聚反应，形成性能优异的复合材料。这些复合材料因具有韧性佳、质量轻、隔热性能良好等特点，常被用于制造门板、轿车内饰如衬里与扶手等部件的加强结构。此外，经过特定改性处理的剑麻纤维，在摩擦材料领域也展现出了广阔的应用前景。

近年来，剑麻纤维副产物的加工利用价值得到了进一步的提升。作为天然原料，剑麻纤维中可提取出多种食品添加剂，如剑麻果胶、皂素等，其中剑麻皂素还可进一步合成具有抗癌活性的衍生物。在生物工程领域，剑麻的组织与细胞培养技术也被用于诱导蛋白酶的生产，为剑麻的多元化应用开辟了新的道路。

3. 贸易

剑麻产业在全球贸易中所占份额虽然不大，但由于其用途的不可替代性和生长环境的约束性，在交易活动中颇为活跃，从 2008 年至今，其在全球贸易中的所占份额每年以 10％～15％ 的速度增加。2010 年 14.8 万吨，2011 年达 16 万吨、出口额为 11.2 亿美元。预计 2014 年世界剑麻进出口贸易量将进一步增加。巴西、坦桑尼亚、肯尼亚是主要的剑麻出口国，剑麻出口量一直占世界前三位，其中巴西的剑麻出口量占世界剑麻出口总量的 60％。

4. 消费需求

目前，全球每年对剑麻的需求量稳定在大约 80 万吨。其中，欧盟各国、美国及澳大利亚等，每年在包装、捆绑材料以及农牧业牧草打包等方面，对剑麻绳纱的需求超过 30 万吨；而在石油钻探、森林伐木运输、冶金工业等领域，年需求量为 20 多万吨；此外，剑麻地毯、工艺品、剑麻抛光布以及建筑材料等方面，每年消耗的剑麻也达到 20 多万吨。同时，剑麻还被用于制造高级纸张及复合材料原料，这部分的年需求量也在 10 多万吨左右。然而，当前全球剑麻纤维的年产量仅为大约 40 万吨，导致供需之间存在显著的缺口。

（二）世界剑麻产业发展特点

1. 生产规模保持小幅减少

近 10 年，受土地资源约束、生产成本增长等因素影响，全球剑麻种植总面积、总产量出现波动，受种植比较效益下降和劳动力成本上升的影响，生产规模总体上保持小幅下降。

2. 生产国和贸易国进一步集中

全球剑麻生产、贸易向传统生产国和贸易国集中，进出口贸易规模进一步扩大。巴西、坦桑尼亚、肯尼亚等主要生产大国的种植面积保持增长态势，巴西剑麻种植面积从 2003 年的 332.4 万亩增长到 2013 年的 425.05 万亩，增长了 27.87％，坦桑尼亚从 2003 年的 69 万亩增长到 2013 年的 86.23 万亩，增长了 24.97％。

3. 重视剑麻纤维的质量

随着剑麻工业化产品应用领域的不断拓宽，对剑麻纤维的质量标准也随之提升。因此，各国纷纷加强对剑麻纤维初加工环节的重视，使用自动化打麻机进行打麻的比例显著提升。

二、我国剑麻作物基本情况

目前，世界剑麻纤维年总产量约为 35 万吨，而年需求量为 70 万～100 万吨，因此剑麻是具有广阔发展前景和巨大出口潜力的优势产业。根据国际硬质纤维组织预测，21 世纪全球剑麻产品消费将以每年 10％～15％的速度增长，所有这一切均表明剑麻是极具广阔发展潜力的朝阳产业。

然而在面临良好发展机遇的同时，我国剑麻产业也面临严重的挑战。四十多年来，我国种植的剑麻当家品种为 H.11648，此品种虽然高产，但易感病。我国在剑麻病虫害防控方面虽然成绩显著，先后攻克了剑麻斑马纹病、茎腐病等剑麻生产上的重要病害，但是，近年来剑麻紫色卷叶病和新菠萝灰粉蚧危害严重，已成为我国剑麻种植业的重大隐患。

（一）种植面积

我国剑麻种植主要分布在热带及南亚热带的广东、广西、海南等省（自治区），福建和云南有零星种植。我国剑麻主栽品种主要是 H.11648。据农业部南亚办统计，2014 年我国剑麻种植面积 46.53 万亩（图 3-3），同比减少 1.88％。其中广西种植面积 36.22 万亩，广东 8.55 万亩，海南 1.40 万亩，分别占全国总种植面积的 77.84％、18.38％和 3.01％。

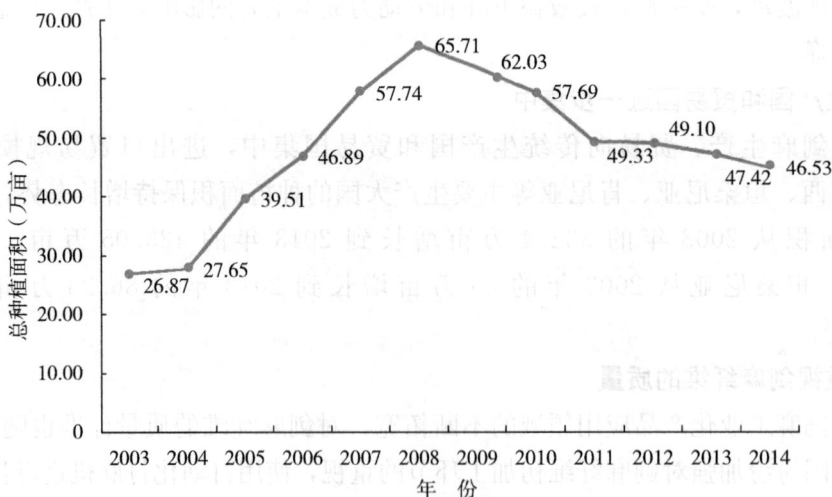

图 3-3　2003—2014 年全国剑麻总种植面积
数据来源：农业部南亚办

(二) 产量、单产、产值、单价

据农业部南亚办统计，2014年，全国剑麻总产量为10.67万吨（图3-4），同比下降2.91％，其中，广西7.22万吨、广东3.05万吨、海南0.31万吨，分别占全国总产量的67.67％、28.58％和2.91％。全国平均单产310.72千克/亩，同比增长1.57％。全国剑麻总产值为5.59亿元，同比减少8.51％。

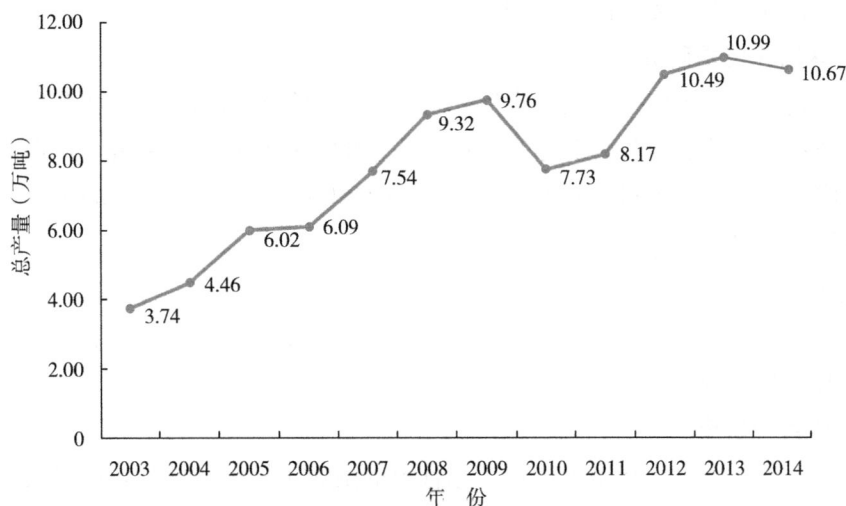

图3-4 2003—2014年全国剑麻总产量
数据来源：农业部南亚办

(三) 生产加工

目前，全国拥有各类剑麻加工厂60多家，从业人数约5.2万人，产值约16亿元。研制开发的剑麻产品有20个系列500多个品种，初步形成了产品的标准化、系列化，主要包括剑麻纤维、剑麻纱条、白棕绳、剑麻地毯、剑麻抛光轮、钢丝绳芯、剑麻墙纸及其他剑麻制品等。近年来，除部分剑麻纤维直销外，其他大部分纤维加工成剑麻纱条、白棕绳、剑麻抛光布及剑麻地毯等加工制品进行外销。我国剑麻产品的品牌信誉好、花色多、质量稳定、销售网络广，畅销欧洲、美国、东南亚、中东、日本、韩国等30多个国家和地区。

剑麻加工产品结构发生较大变化，剑麻深加工产品比重明显加大。近十年来，中国剑麻产品由单一的剑麻绳索转为由细纱、剑麻布为主导的产品，产品附加值得到进一步提高。此外，剑麻还应用于几百种产品的加工，包括剑麻手工艺品、帆布、不漏水的织物、汽车轮胎芯、钢丝绳芯、传送带和保护网等。目前，剑麻产品正在向高端市场转移，剑麻特种纸浆、剑麻地毯等高附加值产品的生产规模越来越大。

（四）科研水平

我国已经建成以中国热带农业科学院为首，由广东、广西有关院校和农垦及剑麻企业组成的剑麻科研体系，涉及剑麻种质资源、新品种选育、良种繁育、栽培技术、病虫害防控、加工和综合利用等领域。2008年初，国家启动了包括麻类作物在内的50个农业产业技术体系建设工作，剑麻位列其中，目前设立了岗位专家2个，区域试验站2个。近2年主要科研成果如下：

1. 剑麻培养技术研究

建立了我国剑麻主产区土壤数据库；对不同麻龄剑麻营养分配与累积特性进行了研究，发现不同麻龄剑麻各营养器官大中量元素的含量存在明显差异。广西农垦积极研发和集成国内外剑麻先进生产技术，取得单产纤维572.6千克/亩的纪录，居全球大面积种植剑麻单产首位。

2. 剑麻病虫害研究

研究形成一套剑麻抗斑马纹病的鉴定技术，提出了剑麻斑马纹病、茎腐病、炭疽病及灰粉蚧综合防治技术。

3. 遗传育种研究

开展了高产多用途剑麻品种选育，选育出的南亚1号抗病性强，产量较高，具有多用途开发的潜质。

4. 开展剑麻遗传转化研究

完成了800份转基因植株和458份四倍体的大田盆栽培育，获得了部分抗性材料；开展了剑麻抗斑马纹病转基因育种，共获得抗性植株37株，为下一步开展抗病试验准备了有效条件。

（五）"走出去"发展

2006年广西剑麻集团与缅甸娃达国际贸易有限公司（简称"娃达公司"）合作开展"中缅替代种植合作项目"。项目位于缅甸东北部地区掸邦省腊戍市孟约镇。合作方式采取广西剑麻集团技术入股，负责提供剑麻种苗、种植技术服务和产品收购，娃达公司负责出土地、资金和生产管理。自2007年1月项目实施以来，广西剑麻集团已向缅甸运送剑麻种苗212万株，完成剑麻种植面积7 500亩，现长势良好，部分开割叶片甚至超过国内同期叶片宽度。2014年，新增剑麻种植面积500亩，广西剑麻集团回购剑麻纤维400吨。目前基地剑麻投资效益显现，大大增强了合作方娃达公司发展信心。在未来6～7年，项目基地可辐射带动当地种植剑麻面积4万～5万亩，预计到盛产期剑麻纤维产量可达1.3万～1.5万吨。

2010年，由广东省东方剑麻集团有限公司和印度尼西亚松巴哇农业有限公司共同成立的合资企业——印尼广垦东方剑麻有限公司于 2010 年 4 月在雅加达注册登记。该公司采取"公司＋基地＋农户"的经营模式，公司向农户提供剑麻种苗、机耕运输和相关技术有偿服务，建立剑麻种植示范田，引导扶持农户种植剑麻，并以订单形式与农户签订剑麻叶片收购合同。公司计划在 2020 年前将印尼剑麻项目种植面积发展到 2.5 万亩，剑麻叶片年总产量达 10 万吨以上。

三、剑麻市场分析

（一）全年价格走势情况

通过对广西、广东和海南三省（自治区）剑麻种植场的定点跟踪来看，2014 年剑麻单价呈现平稳上升态势。干纤维平均最低价 6.6 元/千克，平均最高价 8.75 元/千克。海南没有规模化的加工厂，干纤维需要运往广西、广东进行深加工，平均单价比广西、广东低 1 元（图 3 - 5）。

国内外市场对剑麻的需求一直保持旺盛的态势，特别是优质剑麻纤维供不应求，如广西农垦剑麻集团有限公司生产的剑麻纤维市场需求强劲，广东顺德的华日剑麻制品出口供不应求等。

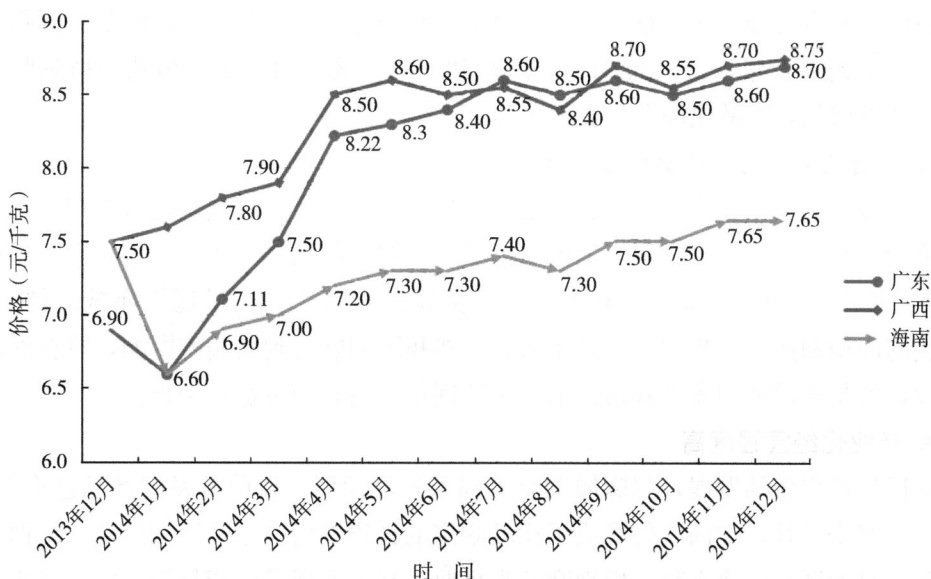

图 3 - 5　2013 年 12 月至 2014 年 12 月广东、广西、海南剑麻干纤维平均价格走势

（二）进出口情况

据海关统计，2014 年，我国进口剑麻等纺织龙舌兰类纤维及其短纤和废麻 3.98 万吨，进口金额 5 594.60 万美元，分别同比增长 19.87％和 38.24％；其中，从巴西

进口 2.42 万吨，从坦桑尼亚进口 0.75 万吨，从肯尼亚进口 0.30 万吨，从马达加斯加进口 0.43 万吨，分别占进口总量的 60.80％、18.84％、7.54％和 10.80％。

2014 年，我国出口剑麻类纤维及其短纤和废麻 375 千克，出口均价 0.98 美元/千克，同比下降 99.75％，出口金额 369 美元，同比下降 99.84％，全部出口到新加坡。

（三）影响因素分析

纵观剑麻纤维在 2014 年全年的价格走势，基本上呈逐渐上升的态势，这主要与前些年剑麻纤维价格较低，剑麻种植面积减小导致的收获面积减少，以及恶劣气候导致的剑麻纤维减产有关，另外近年人们对剑麻制品需求的增加，也是导致剑麻纤维价格保持稳中略升的原因。

四、我国剑麻产业发展特点与效益分析

（一）发展特点

1. 栽培区域比较集中，集约化程度较高

我国剑麻主要分布在广东、广西、海南，其中主产区广东、广西的剑麻面积占全国的 92％，纤维产量占全国的 94％。广东和广西植区大面积剑麻田从种植到收获已初步实现机械化，机械化综合作业水平达 85％。

2. 栽培技术先进，产量稳步增长

通过多年的生产实践，我国已摸索出实现剑麻高产稳产的栽培技术措施，并制定了剑麻栽培技术规程，通过剑麻种植业标准化实施，我国剑麻大面积种植平均单产可达 3 000 千克/公顷，居世界最高水平。在世界剑麻面积和产量逐年递减的情况下，我国剑麻面积和产量稳步发展。近年来，虽然我国剑麻受到新病害影响，收获面积有所减少，但是通过采用先进栽培技术，单产逐年提高，产量稳步增长。

3. 产业化经营程度高

我国经过多年的发展，剑麻加工业得到了长足发展，目前开发的产品已有 20 个系列 500 多个品种，在国内外形成了比较固定的销售网络。主产区如广东、广西及海南等省（自治区）已建立起一批剑麻龙头企业，基本实现了以产品为龙头，以市场为导向，产、供、销一条龙的产业化经营模式。如广东省东方剑麻集团、广西剑麻集团实行产加销一条龙、农工贸一体化经营，覆盖了全国 70％的种植户和 90％的剑麻产品，初步形成了集约化和规模化经营的格局。

4. 适宜发展剑麻的热带土地资源丰富

剑麻属多年生热带作物，产地主要分布在南北纬 30 度之间的部分地区，具有

较强的地域约束。我国适宜种植剑麻的土地面积有 50 多万公顷，主要分布在广东雷州半岛、海南、广西南部和福建西北部，这些区域经济欠发达，农业开发程度低，许多区域尚处在待开发状态，现有种植面积仅占可利用面积的 3% 左右，发展潜力巨大。

（二）存在的主要问题

1. 栽培品种单一，新品种选育推广力度不够

当前，我国剑麻主产区仍主要种植 H.11648 品种，但该品种不仅早衰迹象明显，还正遭受新型病害侵袭，年损失剑麻数百公顷。品种长期单一且退化，加之抗病高产新品种研发不足，严重制约了剑麻产业的进步与产品创新。

2. 种植投资周期长，缺乏采收机械，生产成本高

剑麻经济收益在定植后 3 年左右才能体现，一般在植后 6 年才达到收支平衡，投资周期较长。另外，麻片采收缺乏采收机械（如割麻机械），而目前人工费用又高（2014 年人工割麻费涨到 100~120 元/吨），难以请到工人割麻，种植效益较低。

3. 原料不能实现周年供应，影响加工企业生产

麻片采收的人工成本高昂，加之在市场价格低迷时，剑麻种植企业或种植户难以给出理想的割麻人工费，难以请到工人割麻，这直接影响了加工企业原料的稳定供应。因此，加工企业难以确保四季都有充足的原料，时常面临原料供应不足或生产脱节的问题。

4. 新产品及其生产工艺的研发力度不足

剑麻新产品的研发进展相对缓慢，尤其在材料配比和生产技术层面，如提升麻线、麻绳的均匀度等方面仍有较大的提升空间。同时，剑麻副产品的开发利用尚不充分，亟须加强对麻渣、麻汁等资源的综合开发与研究，以达到更全面的利用价值。

（三）制约因素

1. 病虫草害

我国剑麻产区常年高温多雨，病原菌、害虫、杂草易于繁衍，同时由于我国剑麻当家品种长期以 H.11648 为主，经过几十年的种植，H.11648 退化严重，易感病虫害，除传统的剑麻斑马纹病和茎腐病两大病害外，近年来新出现的剑麻紫色卷叶病和新菠萝灰粉蚧防治的难度较大，造成了剑麻田大量缺株，产量大幅降低，甚至完全失收，使产业面临严重威胁。

2. 台风、干旱及冬季极端低温等极端天气频发

剑麻虽天生具备耐干旱的特性，但在极端干旱的条件下，其叶片的产量和纤维含

量仍会有所降低，影响纤维品质与产量。广东、海南作为剑麻的主要产区，频繁遭受台风的侵袭，这些地区的高温高湿环境更是为剑麻病虫害的广泛传播提供了温床，导致病虫害问题时有发生且难以控制。此外，近年来不时出现的冬季极端低温寒害，也对剑麻的生长构成了严峻挑战，稍有不慎便可能造成严重的经济损失。

3. 土地与人力资源不足

剑麻种植业因其投资周期长且属于劳动密集型产业，导致回报相对缓慢。在当前土地资源日益紧张、人力资源匮乏，以及土地价格和劳动力成本持续攀升的背景下，许多麻农为了快速获得经济效益，更倾向于改种那些投资回报周期短、收益快的短期经济作物。这种趋势无疑对剑麻产业的持续稳定发展构成了严峻挑战，影响了剑麻产业的长期规划和健康发展。

（四）效益分析

2014年，以一个麻农种植20亩剑麻为例，按亩产纤维245千克、纤维单价8元/千克计算，总收入39 200元。以自动化生产线出麻率4.8%，割麻费、打麻费分别按73元/吨、76元/吨计算，机耕肥料费500元/亩计算，总支出为25 147元，收支盈余14 053元，产出投入比为1.56，亩均纯收入700元。而且每个麻工负责管理20亩剑麻是比较轻松的。

剑麻在被抽取纤维后，剩余的麻汁与麻渣还可以用来提取剑麻皂素和果胶。值得一提的是，从麻渣中提取的剑麻皂素在国际市场上极为抢手，每吨售价高达8万～9万美元。更为珍贵的是，通过对剑麻皂素的进一步提炼，可以获得单烯醇酮和双烯醇酮，这两种物质更是国际医药市场上的新星，每吨价格可攀升至约20万美元。

此外，麻渣和麻汁还可以转化为沼气，用于发电，实现资源的循环利用。剑麻种植不仅具有经济价值，还兼具重要的生态功能。它能有效防止水土流失，改善生态环境，特别是在提高丘陵荒坡地区的地表植被覆盖率、改良土壤结构以及涵养水土方面，剑麻发挥着不可或缺的作用。

五、2015年产业形势分析预测

（一）剑麻产品多样化精深加工

剑麻主要分布在南北回归线之间的部分区域，可种植的土地资源十分有限，资源的有限性和产品的不可替代性使得各国越来越重视剑麻特色产品的开发。随着全球环保意识的增强，天然纤维的消费已成为时尚，为了迎合不同消费群体，研究和开发多样性产品是必然选择，现在剑麻制品正朝着精细化方向发展。

（二）剑麻全程作业机械化

随着劳动力成本越来越高，作为劳动密集型的剑麻产业已受到严峻挑战。研发剑麻从种植到加工的全程机械化设备，推行集约化经营模式，实现生产管理全程自动化是剑麻产业化发展必由之路。

（三）综合利用产业化技术

剑麻除纤维外，其麻汁和麻渣尚有广泛用途。剑麻综合利用的深入研究和开发，是剑麻产业化发展的客观要求。利用高档纤维生产和剑麻产业循环经济的开发与应用，进一步延伸剑麻产业链是未来发展的必然趋势。

（四）高效麻园培育技术

高效农业既追求效益最大化，更追求精简的管理措施，设施农业因而得到人们的青睐。通过研制不同区域剑麻生长的营养配方，利用滴灌设施精准施肥是剑麻科学施肥的方向。加强新品种的更新换代和病虫害防治技术的研发，将成为下一阶段的技术研发重点。

六、政策建议

（一）做好产业发展战略规划，优化产品区域布局

我国热区光温水资源优越，但土地资源十分宝贵。随着工业化进程和一些更高效益的作物竞争，剑麻发展的空间不断缩小，因此必须根据剑麻的优势，通过做好产业发展战略规划，优化产品区域布局，充分利用土地资源（包括耕地和非耕地资源、时空资源）打造剑麻特色产业带，寻找剑麻新的发展空间。

建立和完善剑麻种植、加工、销售（农工贸）一体化的产业链发展格局。推动剑麻生产向优势区域集中，以标准化生产示范园推进特色产业带建设，打造剑麻龙头企业，对原有的加工厂进行改扩建，按照标准化加工技术规范，在每个产业带配套建设剑麻产品加工工业基地，建立完善的市场服务体系，促进产业升级。

（二）加强科技创新与技术推广，促进产业链的前伸后延和产业升级

以剑麻产业升级和可持续发展需求为导向，充分利用中国热带农业科学院的科技优势和国家麻类产业技术体系平台，加大投入，加强产、学、研联合，针对剑麻产业升级关键技术问题开展协同创新和协同推广。

以提高剑麻产量和品质，促进剑麻资源的综合利用为重点，深入开展剑麻种质资源收集保存与创新利用、高产抗病多用途新品种培育、健康种苗规模化快繁技术、剑

麻高产优质可持续生产技术、高效复合经营模式、剑麻重大病虫草害监测与防控技术、剑麻精深加工及综合利用技术、剑麻生产机械化、智能化、轻简化技术及设备研制等研究，加快科技成果转化。

（三）加强剑麻质量标准体系建设，强化行业监管，提高产品和企业竞争力

加强剑麻生产和产品质量标准研究，健全标准体系建设，建立从种植、加工、销售到质量追溯的标准体系，建立质量追溯机制。加强对剑麻行业协会和农民合作组织的扶持，促进市场信息渠道畅通，加强市场监管力度，规范生产经营行为。

当前我国剑麻栽培水平参差不齐，特别是民营植麻区管理水平较低，应加强有关剑麻高产栽培技术标准的宣贯，以农业部高产剑麻标准化生产示范园创建为契机，全面推进剑麻标准化种植。

此外，我国剑麻产品市场不规范，加工质量也不稳定，标准化生产和质量监督落实不到位。因此，应建立强有力的剑麻行业协会，以协助相关部门，加强行业自律，在剑麻种植、加工全过程中实施有效的质量监督，贯彻落实标准化生产；依据具体的市场形势，合理协调产品价格；关注并分析国内外剑麻产业形势，在进行战略研究的基础上制定适当的应对策略；统一开展工作，引导企业加强沟通与合作，积极应对国内外市场的变化，增强整个剑麻产业在国际市场上的竞争力，推动产业的整体发展。

（四）加强国际合作与交流，大力实施"走出去"战略

一是加强与全球剑麻研究机构的合作研究与交流，引进国外新技术、新品种，促进我国剑麻科技发展。二是鼓励我国剑麻企业抓住机遇，大力实施"走出去"战略，通过资本重组、兼并、收购、并购、入股、控股等多种方式到境外拓展剑麻产业，建立海外基地，利用国外丰富优质的土地资源和适宜的气候条件，增强对产业的控制力和供给力，缓解我国剑麻种植地与人力资源紧缺的问题。三是加大对"走出去"剑麻企业的产业政策扶持。将境外独资或控股中资生产企业自产的运送回国内的剑麻产品应视同国产产品，一律全额返还关税和增值税，也可对我国境外的控股企业通过自产剑麻量发放一定减征或免征进口关税配额的办法予以扶持。

（五）加强产业风险监测预警力度，构建现代剑麻市场营销平台

在当前全球面临气候异常波动与经济形势不稳定的双重挑战下，增强对台风、冬季严寒、洪水等自然灾害的监测与预警能力，并加大对全球剑麻市场动态变化的跟踪力度，显得尤为重要。在此基础上，深入进行产业风险的综合分析，搭建起一个能够实现生产与销售无缝对接的现代剑麻市场营销服务体系，是当前推动我国剑麻产业提升效益、助力农民增加收入的迫切任务。

第四章

2015年剑麻产业发展报告

为促进剑麻产业可持续发展，在收集整理剑麻的国内外产业发展现状和市场动态的基础上，通过对2015年我国剑麻产业进行监测及信息收集、整理、分析，形成本报告。

一、世界剑麻作物概况

（一）产业概况

1. 种植

剑麻广泛分布于南美洲、非洲及亚洲的超过20个国家和地区，其中，巴西、坦桑尼亚、肯尼亚、墨西哥、海地、马达加斯加、摩洛哥、委内瑞拉、中国及莫桑比克等十大国家是剑麻的主要生产国，其剑麻收获面积合计占全球剑麻收获总面积的97％以上。近年来，全球剑麻的产量一直保持着相对稳定的态势。据FAO统计，2014年，全球剑麻收获面积456.84万亩（图4-1），其中巴西收获面积294.81万亩、坦桑尼亚86.23万亩、肯尼亚38.01万亩、墨西哥10.55万亩、马达加斯加21.23万亩，分别占世界收获面积的64.53％、18.88％、8.32％、2.31％和4.65％。2014年，世界剑麻纤维产量34.85万吨（图4-2），其中巴西23.80万吨、肯尼亚2.32万吨、

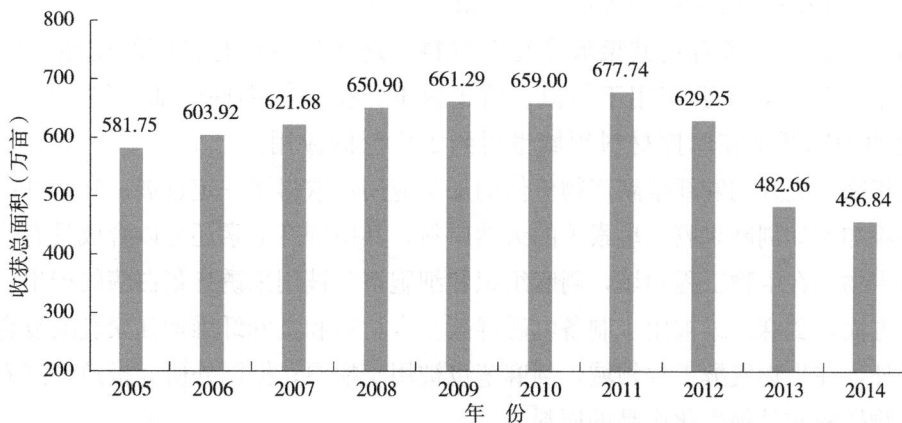

图4-1　2005—2014年世界剑麻收获总面积

数据来源：FAO

39

坦桑尼亚 2.50 万吨、墨西哥 0.61 万吨、马达加斯加 1.75 万吨，分别占世界产量的 68.29%、6.66%、7.17%、1.75% 和 5.02%。中国 1.55 万吨，占世界产量的 4.45%，居世界第五位。

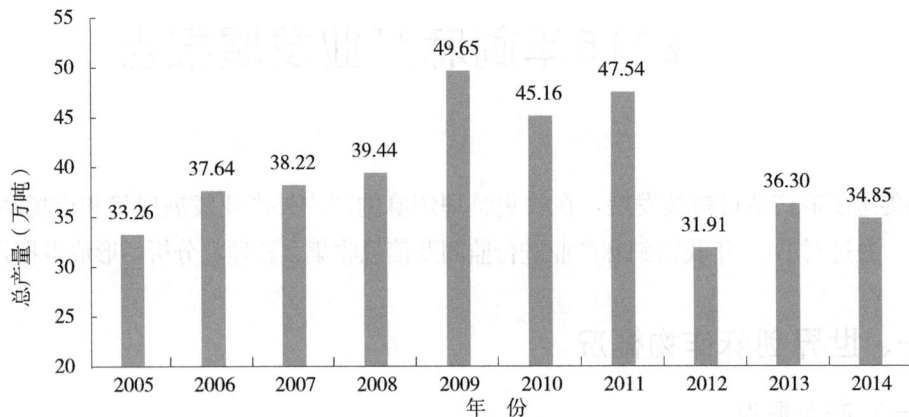

图 4 - 2　2005—2014 年世界剑麻纤维总产量

数据来源：FAO

2014 年世界剑麻的平均单产为 69 千克/亩。世界上剑麻单产最高的地区是亚洲，呈现出稳步上升的趋势，中国剑麻单产最高，2013 年单产为 305.91 千克/亩，到 2015 年达 313.86 千克/亩，是当年世界剑麻平均单产的 4.59 倍。

2. 加工

剑麻制品已经发展成为一个包含 20 个系列、超过 500 个品种的庞大体系，初步实现了产品的标准化和系列化。作为重要的纤维材料，剑麻白棕绳和剑麻布等产品在渔业、航海、工矿、运输、石油等多个行业得到了广泛应用。近十年来，人们越来越青睐利用剑麻纤维天然环保、阻燃、无静电、防蛀等特性制造的剑麻地毯、内墙装饰和衬垫等产品。剑麻纤维作为复合材料，其表面含有羟基基团，易于与高分子聚合物共聚形成复合材料，这些材料具有良好的韧性、轻质和优异的隔热性能，主要应用于门板、轿车衬里、扶手等部件的加强筋。此外，经过改性的剑麻纤维在摩擦材料领域也得到了广泛的应用。

近年来，提升剑麻纤维副产物价值的加工应用也取得了一定进展。剑麻纤维是提取食品添加剂如剑麻果胶、皂素等的天然原料，其中剑麻皂素还可以合成具有抗癌活性的衍生物。在生物工程领域，剑麻组织和细胞培养被用来诱导蛋白酶的产生。在材料工程方面，剑麻纤维被用于制备电磁屏蔽复合材料和剑麻纤维增强聚乳酸复合材料等。此外，在生物发酵工程领域，剑麻茎也被用于酿酒；据国外研究报道，剑麻有望成为生物燃料和其他生化产品的原料。

3. 贸易

尽管在全球贸易中所占份额较小，剑麻产业因其独特的不可替代用途以及受限的生长环境，在交易市场上仍然保持着相当的活跃度。从 2008 年至今，其在全球贸易中的所占份额每年以 10％～15％的速度增加。2010 年 14.8 万吨，2011 年达 16 万吨，出口额为 11.2 亿美元。预计 2015 年世界剑麻进出口贸易量将进一步增加。巴西、坦桑尼亚、肯尼亚是主要的剑麻出口国，剑麻出口量一直占世界前三位，其中巴西的剑麻出口量占世界剑麻出口总量的 60％。

4. 消费需求

目前全世界每年对剑麻的需求量约为 80 万吨。其中欧盟各国、美国、澳大利亚等每年在包装、捆绑及农牧业方面的牧草打包等对剑麻绳、纱的需求量为 30 多万吨，在石油钻探、森林伐木运输、冶金等方面的年需求量为 20 多万吨，剑麻地毯、工艺品、剑麻抛光布、建筑材料方面的每年消耗为 20 多万吨，另外还有用剑麻造高级纸张、做复合材料原料等每年的需求量为 10 多万吨，而目前世界剑麻纤维年产量不到 40 万吨，供需缺口巨大。

（二）世界剑麻产业发展特点

1. 生产规模保持小幅减少

在过去的十年中，由于土地资源的限制和生产成本的增加等多重因素，全球剑麻的种植总面积和总产量经历了波动。同时，由于种植比较效益的下降以及劳动力成本的上升，剑麻的生产规模总体上呈现出轻微的缩减趋势。

2. 生产国和贸易国进一步集中

全球剑麻生产、贸易向传统生产国和贸易国集中，进出口贸易规模进一步扩大。坦桑尼亚、肯尼亚等主要生产大国的种植面积保持增长态势，坦桑尼亚的剑麻种植面积从 2003 年的 69 万亩增长到 2014 年的 86.23 万亩，增长了 24.97％；而巴西剑麻种植面积从 2003 年的 332.4 万亩略减至 2014 年 294.81 万亩，占世界剑麻种植面积的 68.30％。

3. 重视剑麻纤维的质量

剑麻工业化产品应用日益广泛，对剑麻纤维的质量要求标准也在不断提升。全球范围内，各国都开始重视剑麻纤维的初步加工过程，致使用自动化打麻机进行剑麻纤维加工的比例显著增加。

二、我国剑麻作物基本情况

目前，世界剑麻纤维年总产量约为 40 万吨，而年需求量约为 80 万吨，因此剑麻是具有广阔发展前景和巨大出口潜力的优势产业，根据国际硬质纤维组织预测，21 世纪全球剑麻产品消费将以每年 10％～15％的速度增长，所有这一切均表明剑麻是极具广阔发展潜力的朝阳产业。

尽管我国剑麻产业迎来了发展的良机，但同时也遭遇了严峻的挑战。四十多年来，我国种植的剑麻品种主要是 H. 11648，该品种虽然产量高，却容易受到病害的侵袭。尽管我国在剑麻病虫害的防治方面取得了显著成就，成功攻克了剑麻斑马纹病、剑麻茎腐病等关键性病害，但近年来，剑麻紫色卷叶病和新菠萝灰粉蚧的威胁日益加剧，已经成为我国剑麻种植业面临的主要隐患。

（一）种植及收获面积

我国剑麻种植主要分布在热带及南亚热带的广东、广西、海南等省（自治区），福建和云南有零星种植。据农业部南亚办统计，2015 年我国剑麻种植面积 42.62 万亩（图 4-3），同比减少 8.40%；收获面积 36.90 万亩。其中广西种植面积 34.95 万亩，广东 6.37 万亩，海南 1.20 万亩，分别占全国种植总面积的 82.00%、14.95% 和2.82%；收获面积分别为 30.45 万亩、5.25 万亩和 1.20 万亩。

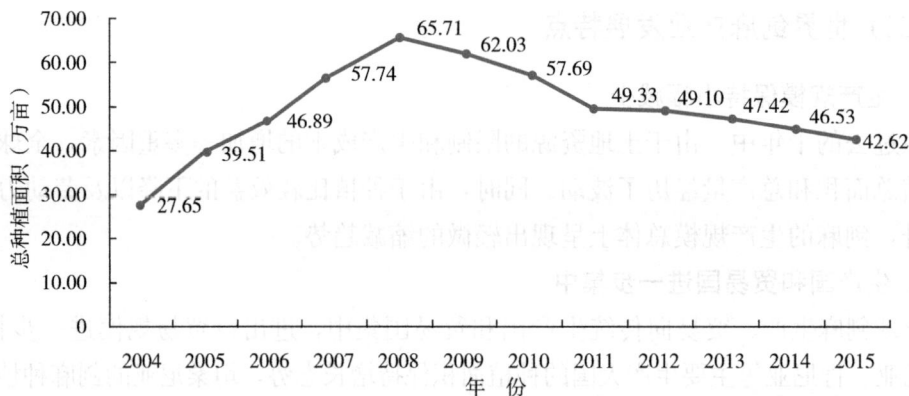

图 4-3　2004—2015 年全国剑麻总种植面积
数据来源：农业部南亚办

（二）总产量、单产、总产值

总产量：据农业部南亚办统计，2015 年，全国剑麻总产量为 11.58 万吨（图 4-4），同比增加 8.53%，其中，广西 8.08 万吨，同比增加 11.91%，广东 3.20 万吨，同比增加 4.92%，海南 0.29 万吨，同比减少 6.45%，广西、广东、海南的剑麻产量分别占全国总产量的 69.78%、27.63% 和 2.50%。

单产和总产值：2015 年，全国剑麻平均单产 313.86 千克/亩，同比增长 1.01%。全国剑麻总产值为 9.58 亿元，同比增加 71.38%，其中，广西剑麻总产值为 7.27 亿元，同比增加 74.32%，广东剑麻总产值为 2.07 亿元，同比增加 90.83%，海南剑麻总产值为 0.24 亿元，同比减少 13.69%，广西、广东、海南的剑麻产量分别占全国剑麻总产值的 75.89%、21.61% 和 2.51%。

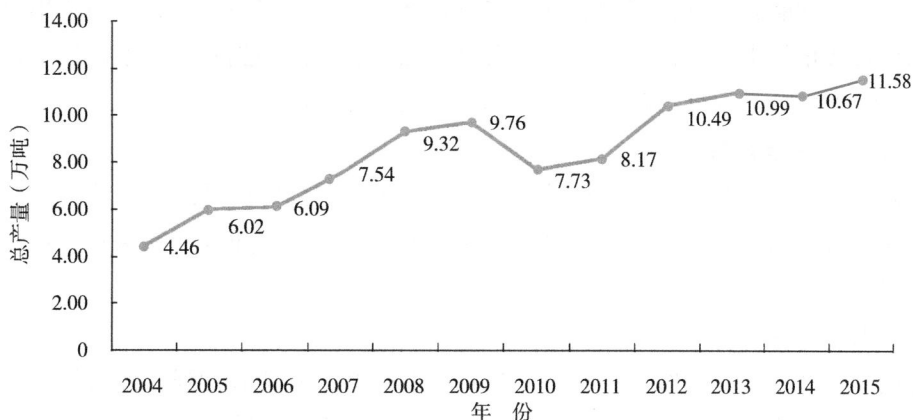

图 4 - 4 2004—2015 年全国剑麻总产量
数据来源：农业部南亚办

（三）生产加工

目前，全国拥有各类剑麻加工厂 60 多家，从业人数约 5.2 万人，产值约 16 亿元。研制开发的剑麻产品有 20 个系列 500 多个品种，初步形成了产品的标准化、系列化，主要包括剑麻纤维、剑麻纱条、白棕绳、剑麻地毯、剑麻抛光轮、钢丝绳芯、剑麻墙纸及其他剑麻制品等。近年，除部分剑麻纤维直销外，其他大部分纤维加工成剑麻纱条、白棕绳、剑麻抛光布及剑麻地毯等进行外销。我国剑麻产品由于品牌信誉好、花色多、质量稳定、销售网络广，畅销欧洲、美国、东南亚、中东、日本、韩国等 30 多个国家和地区。

近年来，剑麻加工产品的结构经历了显著变化，深加工产品的比例显著增加。在过去的十年中，中国的剑麻产品已从单一的绳索转变为以细纱和剑麻布为主导的多样化产品，这进一步提升了产品的附加值。此外，剑麻已被广泛应用于数百种产品的加工，包括手工艺品、帆布、防水织物、汽车轮胎内衬、钢丝绳内芯、传送带以及保护网等。目前，剑麻产品正逐渐向高端市场转移，特种纸浆和剑麻地毯等高附加值产品的生产规模正在不断扩大。

（四）科研成果

我国已经建成以中国热带农业科学院为首，由广东、广西有关院校和农垦及剑麻企业组成的剑麻科研体系，涉及剑麻种质资源、新品种选育、良种繁育、栽培技术、病虫害防控、加工和综合利用等领域。2008 年初，国家启动了包括麻类作物在内的50 个农业产业技术体系建设工作，剑麻位列其中，目前设立了岗位专家 2 个，区域试验站 2 个。近 2 年主要科研成果如下：

1. 剑麻栽培技术研究

建立了我国剑麻主产区土壤数据库；对不同麻龄剑麻营养分配与累积特性进行了

研究，发现不同麻龄剑麻各营养器官大中量元素的含量存在明显差异。初步集成了一套剑麻高效栽培技术体系；广西农垦积极研发和集成国内外剑麻先进生产技术，取得年均单产纤维 572.6 千克/亩的纪录，居世界剑麻单产首位。

2. 剑麻病虫害研究

研究形成一套剑麻抗斑马纹病的鉴定技术，提出了剑麻斑马纹病、茎腐病、炭疽病及新菠萝灰粉蚧综合防治技术。并从小 RNA 分子水平上开展了剑麻紫色卷叶病病原的研究。

3. 遗传育种研究

开展了高产多用途剑麻品种选育，选育出的热麻 1 号抗病性强，产量较高，纤维品质优，具有多用途开发的潜质，该品种已通过广东省农作物品种登记；此外，从肯尼亚新引进剑麻优质种质 17 份并进行试种研究。

4. 开展剑麻遗传转化研究

完成了 800 份转基因植株和 458 份四倍体的大田盆栽培育，获得了部分抗性材料。开展了剑麻抗斑马纹病转基因育种，共获得抗性植株 37 株，为下一步开展抗病试验准备了有效条件。

5. 麻渣的综合利用研究

广西化工研究院研究团队从麻渣的乙醇提取物中分离得到一个新的皂苷成分，4-乙二醇葡萄糖-1-海柯皂苷，皂苷类化合物用于研究新药的前景广阔；此外，该研究团队还探索出一套从麻渣的乙醇提取物中分离获得剑麻皂素的最佳工艺条件，该工艺条件下生产的剑麻皂素含量高、杂质少，且操作工艺简单，成本低，为工业化生产提供了技术参数。

（五）"走出去"发展

依托国家推进的"一带一路"、中国—东盟自由贸易区及"孟中印缅"经济走廊建设，中缅剑麻替代项目在新经济常态下将迎来更佳发展机遇。2006 年广西剑麻集团与缅甸娃达国际贸易有限公司（简称"娃达公司"）合作开展"中缅替代种植合作项目"。项目位于缅甸东北部地区掸邦省腊戍市孟约镇。合作方式采取剑麻集团技术入股，负责提供剑麻种苗、种植技术服务和产品收购，娃达公司负责出土地、资金和生产管理。自 2007 年 1 月项目实施以来，广西剑麻集团已向缅甸运送剑麻种苗 212 万株，完成剑麻种植 7 500 亩，现长势良好，部分开割叶片甚至超过国内同期叶片宽度。2015 年，广西剑麻集团成功回购了 1 300 吨剑麻纤维。目前，基地的剑麻投资效益已经显现，显著增强了合作伙伴娃达公司的发展信心。在未来 6～7 年的时间里，项目基地预计将辐射并带动当地种植剑麻面积 4 万～5 万亩，预计在盛产期，剑麻纤维的产量将达到 1.3 万～1.5 万吨。

2010年，广东省东方剑麻集团有限公司与印度尼西亚松巴哇农业有限公司共同成立了合资企业——印尼广垦东方剑麻有限公司，并于2010年4月在雅加达完成注册。该公司采用"公司＋基地＋农户"的经营模式，向农户提供剑麻种苗、机耕运输和相关技术的有偿服务，建立剑麻种植示范田，引导并支持农户种植剑麻，并以订单形式与农户签订剑麻叶片收购合同。公司计划在2020年前将印尼剑麻项目的种植面积扩展至2.5万亩，剑麻叶片的年总产量达到10万吨以上。此外，公司以柬埔寨作为建设国外10万亩剑麻种植基地的重心，规划在柬埔寨进行剑麻的先行育苗试种，并积极引入战略合作伙伴共同推进剑麻产业的发展。目前，公司正积极与相关方面洽谈合作事宜，并抓紧组织人员进行项目前期的考察和论证工作，编写可行性报告，充分做好项目前期的准备工作。

三、剑麻市场分析

（一）全年价格走势情况

通过对广西、广东和海南三省（自治区）剑麻种植场的定点跟踪来看，2015年剑麻单价呈现平稳上升态势。干纤维平均最低价7.65元/千克，平均最高价9.00元/千克。海南没有规模化的剑麻精加工厂，干纤维需要运往广西、广东进行深加工，平均单价比广西、广东低1元（图4-5）。

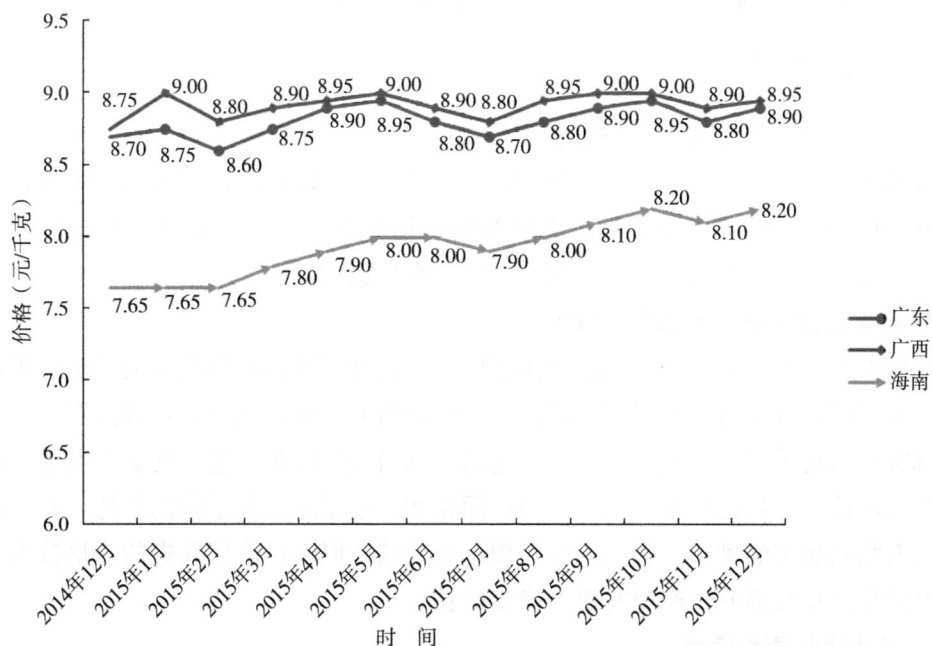

图4-5 2014年12月至2015年12月广东、广西、海南剑麻干纤维平均价格走势

全球市场对剑麻的需求持续高涨，尤其是高品质剑麻纤维的供应显得尤为紧缺。例如，广西农垦剑麻集团有限公司所生产的剑麻纤维，市场需求极为旺盛；同样，在广东顺德，朗日剑麻制品的出口也面临着供不应求的局面。

（二）进出口情况

据海关统计，2015年，我国进口剑麻等纺织龙舌兰类纤维及其短纤和废麻5.06万吨，进口金额6 421.39万美元，分别同比增长27.14%和14.78%，其中，从巴西进口3.14万吨，从坦桑尼亚进口0.97万吨，从肯尼亚进口0.39万吨，从马达加斯加进口0.56万吨，分别占进口总量的62.06%、19.17%、7.71%和11.07%。

2015年，我国出口剑麻类纤维及其短纤和废麻3.6吨，出口均价2.19美元/千克，出口金额7 884美元，全部均出口到马来西亚。

（三）影响因素分析

纵观剑麻纤维在2015年全年的价格走势，基本上呈逐渐上升的态势，这主要与前些年剑麻纤维价格较低，剑麻种植面积减少导致的收获面积减少，以及恶劣气候导致的剑麻纤维减产有关。另外近年人们对剑麻制品需求的增加，也是剑麻纤维价格保持稳中略升的原因。

四、我国剑麻产业发展特点与效益分析

（一）发展特点

1. 栽培区域比较集中，集约化程度较高

我国剑麻主要分布在广东、广西、海南，其中主产区广东、广西的剑麻面积占全国剑麻面积的96.9%，纤维产量占全国纤维产量的97.4%。广东和广西植区大面积麻田种植已初步实现机械化，机械化综合作业水平达到85%。

2. 栽培技术先进，产量稳步增长

经过多年的生产实践，我国已经探索出一套促进剑麻高产和稳定的栽培技术，并制定了相应的剑麻栽培技术规程。得益于剑麻种植业的标准化进程，我国在大面积种植剑麻方面取得了显著成就，平均单产达到4 708千克/公顷，这一成绩在世界范围内处于领先地位。尽管近年来全球剑麻种植面积和产量呈现逐年下降的趋势，我国剑麻产业也面临新病害的挑战，导致收获面积有所缩减，但通过应用先进的栽培技术，我国剑麻的单产持续提升，产量实现了稳步增长。

3. 产业化经营程度高

经过多年的不懈努力，我国剑麻加工业取得了显著的进步。目前，市场上已有

20个系列、超过500种剑麻产品，形成了稳定的国内外销售网络。在主要产区，如广东、广西和海南等省份，已经培育出一批剑麻产业的龙头企业。这些企业以产品为核心，以市场需求为导向，实现了从生产到销售的完整产业链经营模式。例如，广东省东方剑麻集团和广西剑麻集团，它们通过一体化的产加销经营模式，以及农工贸的整合，已经覆盖了全国70%的剑麻种植户和90%的产品销售，有效地推动了剑麻产业向集约化和规模化经营方向发展。

4. 适宜发展剑麻的热带土地资源丰富

剑麻是一种多年生热带作物，其产地主要局限于南北纬30度之间的某些区域，显示出较强的地域局限性。在中国，适宜种植剑麻的土地资源相当丰富，总面积超过50万公顷，这些土地主要分布在广东的雷州半岛、海南岛、广西的南部以及福建的西北部。这些地区普遍经济发展相对滞后，农业开发程度不高，许多地方仍处于待开发的状态。目前，已种植的剑麻面积仅占可开发利用土地面积的3%左右，这表明剑麻产业在这些地区具有极为广阔的发展空间和巨大的发展潜力。

（二）存在的主要问题

1. 栽培品种单一，新品种选育推广力度不够

一直以来，我国剑麻主产区的主流品种都是H.11648，而该品种不仅表现一定程度的早衰退化，还正面临新一轮剑麻病害的威胁，每年因此损失的剑麻收获面积达数百公顷，严重影响剑麻产量。长期种植单一品种及其品种老化退化、抗病高产新品种培育力度不够等严重地制约着剑麻产业的发展和剑麻制品的创新。

2. 种植投资周期长，缺乏采收机械，生产成本高

剑麻经济收益在定植后3年左右才能体现，一般在植后6年才达到收支平衡，投资周期较长。另外，麻片采收缺乏采收机械（如割麻机械），而目前人工费用又高（2015年人工割麻费涨到100～120元/吨），难以请到工人割麻，种植效益较低。

3. 新产品及其生产工艺的研发力度不足

剑麻纱线、剑麻绳索、剑麻布、剑麻地毯、剑麻钢丝绳芯以及剑麻工艺品等产品，数十年来一直缺乏创新，导致市场竞争力不足。这些工业产品的附加值普遍偏低，而剑麻在生物制药领域的综合利用开发也进展缓慢。新产品开发滞后，材料搭配、生产技术（例如麻线和麻绳的均匀度）等方面仍需改进。此外，剑麻副产品的开发利用亦显不足，亟须加强对麻渣、麻汁的综合开发利用的研究。

4. 缺乏相关产业政策的强有力支持

一是，剑麻种苗的培育过程复杂，生长周期漫长，且初期投资成本高昂，而国家层面缺乏相应的种苗补贴政策。二是，加工企业面临贷款难题。由于剑麻制品的回报周期较长，银行贷款的积极性不高，这使得企业难以通过银行信贷来筹集资金用于加工设备的更新改造和剑麻的收购，从而制约了加工企业的发展。三是，剑麻种植极易受到自然条件和市场波动的影响，迫切需要建立相应的保险机制和市场保护机制。

（三）制约因素

1. 病虫草害

我国剑麻产区多位于长年高温多雨地区，容易发生病虫草害，同时产区主栽品种长期以 H. 11648 为主，经过几十年单一种植，H. 11648 退化严重，易感病虫害，如传统的剑麻斑马纹病和茎腐病两大病害，此外，近年新出现的剑麻紫色卷叶病和新菠萝灰粉蚧防治的难度较大，造成了剑麻田大量植株死亡，产量大幅降低，甚至完全失收，使产业面临严重威胁。

2. 台风、干旱及冬季极端低温等极端天气频发

剑麻虽然很耐干旱，但在严重干旱的条件下，其叶片产量、纤维含量仍会有所下降，同时我国广东、海南、广西等剑麻主产区极易受台风影响，如 2014 年第 9 号超强台风"威马逊"、2015 年第 22 号强台风"彩虹"均给我国剑麻生产造成了严重影响，高温高湿环境也极易引发剑麻病虫害的大面积流行，此外，近年不时出现的冬季极端低温寒害也极易给剑麻造成严重损失。

3. 土地与人力资源不足

剑麻种植是劳动密集型产业，同时剑麻生长期长，导致剑麻产业投资周期也较长，其回报等待期较长，加之当前用于种植剑麻的土地资源与人力资源不足、土地成本与劳动力成本不断上升，促使很多麻农选择改种其他回报率快的短期经济作物，从而严重影响了剑麻产业的稳步发展。

4. 剑麻加工机械设备残旧

20 世纪 80—90 年代，各剑麻种植垦区已研制出日加工量达 300 多吨的刮麻机以及剑麻烘干技术，并积极引进当时最先进的剑麻制品设备等，剑麻纤维质量显著提升，并可制成高档产品，相关产品远销 20 多个国家和地区。但近年来机械设备更新换代裹足不前，机械设备年久残旧，严重影响剑麻纤维产量和质量，纤维单位成本居高不下。

（四）效益分析

2015 年，以一个麻农种植 20 亩剑麻为例。按亩产纤维 310 千克、纤维单价 8 元/千克计算，总收入49 600元。以自动化生产线出麻率 4.8%，割麻费、打麻费分别按 100 元/吨、120 元/吨计算，机耕肥料费 500 元/亩计算，总支出为 25 198 元，收支盈余24 402元，产出投入比为 1.97，亩均纯收入1 220元。而且每个麻工负责管理 20 亩

剑麻是比较轻松的。

抽取剑麻纤维后产生的麻汁和麻渣，可提取剑麻皂素、果胶。从麻渣中提取到的剑麻皂素在国际市场上的售价为每吨 8 万～9 万美元。此外剑麻皂素中还可再提炼出单烯醇酮和双烯醇酮，这 2 种物质在国际市场上的售价每吨可达 20 万美元。麻渣、麻汁还可以生产沼气用来发电。同时，剑麻在防止水土流失、改善生态环境、提高丘陵荒坡地表植被覆盖率、改良土壤结构、涵养水土等方面具有重要作用，可作为治理滇黔桂石漠化地区的栽培作物。

五、2016 年产业形势分析预测

(一)剑麻产品多样化精深加工

剑麻生态分布区主要在南北回归线之间的部分区域，可种植的土地资源十分有限，土地资源的有限性和产品的不可替代性使得各国对剑麻特色产品的开发越来越重视。随着世界性环保意识的增强，天然纤维制品的消费已成为时尚，为了满足不同消费群体对天然纤维制品的需求，研究和开发多样性产品成为必然选择，如今的剑麻纤维制品正朝着精细化方向发展。

(二)剑麻全程作业机械化

作为劳动密集型的剑麻产业因劳动力成本的增高受到严峻挑战。研发剑麻从种植到加工的全程机械化设备，促进集约化经营模式的应用，实现全程机械化管理是剑麻产业可持续发展的必然选择。

(三)综合利用产业化技术

剑麻作为一种重要的经济作物，其价值不仅限于纤维提取。提取纤维产生的汁液和废渣同样具有多样化的应用潜力。深入探索剑麻的综合利用价值，对于推动剑麻产业的产业化发展具有重要的现实意义。随着对高档纤维生产技术的不断革新以及剑麻产业循环经济模式的开发与应用，剑麻产业链的延伸已成为未来发展的必然趋势。

(四)高效麻园培育技术

通过开发适用于不同区域剑麻生长的营养配方，并结合滴灌技术实现精准施肥，是剑麻科学施肥的发展趋势。强化新品种的迭代更新、健康种苗的繁殖技术、病虫害防治技术的研发，以及低产麻园的改良，将成为剑麻产业下一阶段发展的关键。

六、 政策建议

（一）精心制定产业发展规划，优化产品区域布局

我国热带区域的光温水资源极为丰富，然而土地资源却极为宝贵。随着工业化的发展以及高效益作物的竞争，剑麻产业的发展空间正在逐渐缩减。因此，我们必须依托剑麻的独特优势，通过精心制定产业发展规划和优化产品区域布局，充分利用各类土地资源（包括耕地和非耕地资源、时空资源），打造剑麻特色产业带，探索剑麻产业的新发展空间。

建立并完善从种植、加工到销售（农工贸）一体化的产业链发展格局。推动剑麻生产向优势区域集中，通过标准化生产示范园推进特色产业带建设，培育剑麻龙头企业，对现有的加工厂进行改扩建，并按照标准化加工技术规范，在每个产业带配套建设剑麻产品加工工业基地。同时，建立完善的市场服务体系，以促进产业升级。

（二）深化管理体制改革，增强对剑麻产业的支持

一是，创新剑麻产业发展模式，利用"互联网＋"行动计划，致力于构建一个智慧、精细、高效、绿色的现代剑麻产业升级版。二是，建立剑麻种苗、种植、加工补贴机制，优惠贷款融资机制，生产保险机制，叶片价格联动机制及最低收购保护价格机制，以增强对剑麻产业的政策支持。三是，推进剑麻核心基地和专业合作社的规范化建设，提升剑麻生产的标准化水平和市场竞争力，确保剑麻产业的稳定、持久和高效发展。四是，探索建立剑麻专业种植股份公司，鼓励职工和社会力量参股，实行公司化管理，加强与现有剑麻农场的合作，探索收购或共同持股经营，以农业种植股份公司形式扩展海外剑麻基地。

（三）强化科技创新与技术推广，推动产业链延伸和产业升级

以剑麻产业升级和可持续发展为导向，充分利用中国热带农业科学院的科技优势和国家麻类产业技术体系平台，增加投入，加强产、学、研联合，针对剑麻产业升级的关键技术问题开展协同创新和推广。重点提高剑麻产量和品质，促进资源的综合利用，深入开展剑麻种质资源收集保存与创新利用、高产抗病多用途新品种培育、健康种苗规模化快繁技术、剑麻高产优质高效栽培技术、高效复合经营模式、剑麻重大病虫草害监测与防控技术、剑麻精深加工及综合利用技术、剑麻生产机械化、智能化、轻简化技术及设备研制等研究，加速科技成果转化。

（四）加强剑麻质量标准体系建设，强化行业监管，提升产品和企业竞争力

加强剑麻生产和产品质量标准研究，完善标准体系建设，建立从种植、加工、销售到质量追溯的标准体系，建立质量追溯机制。加强对剑麻行业协会和农民合作组织的扶持，促进市场信息渠道畅通，加强市场监管力度，规范生产经营行为。鉴于我国剑麻栽培水平的不均衡，特别是民营植麻区的管理水平较低，应加强剑麻高产栽培技术标准的宣贯，以农业部高产剑麻标准化生产示范园创建为契机，全面推进剑麻标准化种植。同时，针对我国剑麻产品市场不规范和加工质量不稳定的问题，应建立强有力的剑麻行业协会，协助相关部门加强行业自律，在剑麻种植、加工全过程中实施有效的质量监督，贯彻落实标准化生产；依据市场形势合理协调产品价格；关注并分析国内剑麻产业形势，制定适当的应对策略；统一开展工作，引导企业加强沟通与合作，积极应对国内外市场的变化，增强整个剑麻产业在国际市场上的竞争力，推动产业的整体发展。

（五）加强国际合作与交流，积极实施"走出去"战略

一是，加强与全球剑麻研究机构的合作研究与交流，引进国外新技术、新品种，促进我国剑麻科技发展。二是，鼓励我国剑麻企业抓住机遇，积极实施"走出去"战略，通过资本重组、兼并、收购、并购、入股、控股等多种方式到境外拓展剑麻产业，建立海外基地，利用国外的丰富优质的土地资源和适宜的气候条件，增强对产业的控制力和供给力，缓解我国剑麻种植地与人力资源紧缺问题。三是，加大对"走出去"剑麻企业的产业政策扶持。对境外独资或控股中资生产企业自产的剑麻被运送回国内的应视同国产产品，一律全额返还关税和增值税，也可按境外的我国控股企业自产剑麻量发放减征或免征进口关税配额的办法予以扶持。

（六）加强产业风险监测预警力度，构建现代剑麻市场营销平台

在当前全球气候变化面临严峻形势和经济情况不稳的背景下，加强台风、冬季低温、洪涝等自然灾害的监测预警力度及对全球剑麻市场走向的监测，开展产业风险分析，构建产销对接的现代剑麻市场营销平台，是促进我国剑麻产业增效、农民增收的紧迫任务。

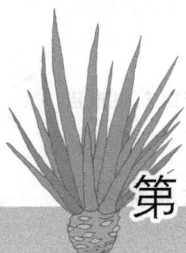

第 五 章

2016年剑麻产业发展报告

为了推动剑麻产业的可持续发展，本报告在广泛搜集和整理国内外关于剑麻的生产、加工、贸易和科研等产业信息的基础上，深入总结并分析了当前产业的现状，科学地预测了产业的发展趋势，并据此提出了切实可行的政策建议。

一、世界剑麻产业概况

（一）生产

剑麻是典型的热带作物，在世界热区有广泛的分布，前十大剑麻生产国为巴西、坦桑尼亚、肯尼亚、墨西哥、海地、马达加斯加、摩洛哥、委内瑞拉、中国、莫桑比克，这些国家的剑麻收获面积占全球剑麻收获总面积的97%以上，其中巴西的收获面积和纤维产量均占全球的60%以上。

根据FAO的数据（图5-1和图5-2），2015年全球剑麻收获面积和产量同比增

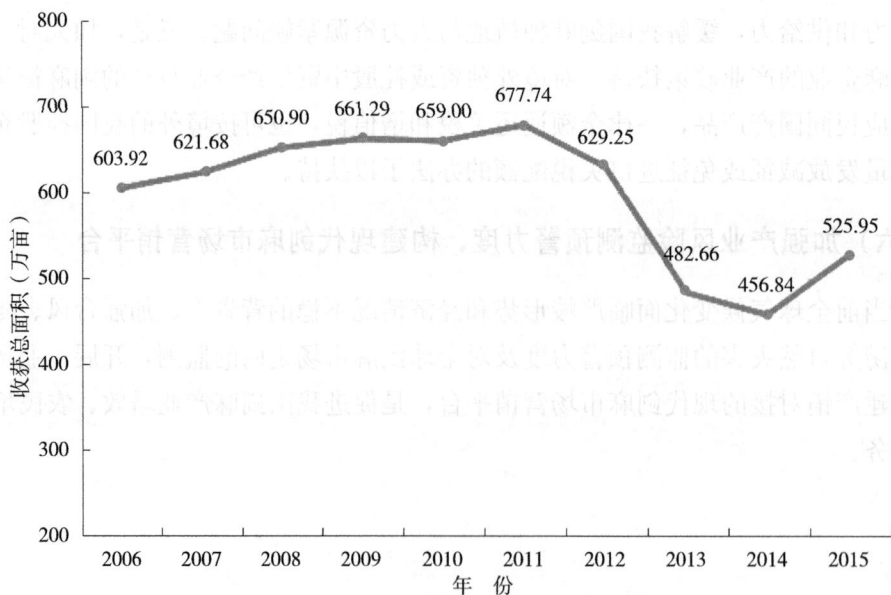

图5-1 2006—2015年世界剑麻收获总面积
数据来源：FAO

长，收获面积 525.95 万亩，纤维产量 40.80 万吨。其中，巴西收获面积 296.62 万亩，产量 24.35 万吨；坦桑尼亚收获面积 85.12 万亩，产量 2.48 万吨；肯尼亚收获面积 42.96 万亩，产量 2.77 万吨；墨西哥收获面积 39.78 万亩，产量 2.03 万吨；马达加斯加收获面积 21.28 万亩，产量 1.77 万。2015 年世界剑麻的平均单产为 61.49 千克/亩，而中国剑麻单产 313.86 千克/亩，是世界单产的 5.10 倍。

分析 2006—2015 年期间世界剑麻收获面积波动情况可知，2006—2011 年剑麻收获面积增加了 70 万亩以上，随后 3 年又大幅回落，2014 年降至低点 456.84 万亩，2015 年反弹至 525.95 万亩；世界剑麻纤维产量波动情况与收获面积基本一致，2006—2015 年纤维总产量在 30 万～50 万吨区间上下波动。

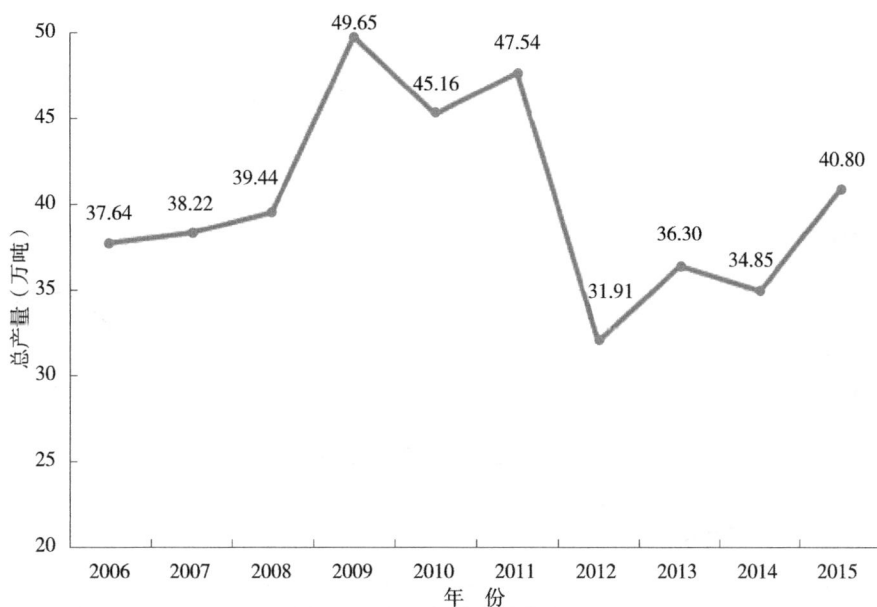

图 5-2 2006—2015 年世界剑麻纤维总产量情况

数据来源：FAO

（二）贸易

剑麻在世界贸易中所占份额虽很小，但贸易活动颇为活跃。主要的剑麻出口国为巴西、坦桑尼亚、肯尼亚，其中 2013—2016 年巴西的剑麻出口量占世界总出口量的 60% 以上（图 5-3）。而中国则是主要的剑麻进口国之一。据巴西农业部估算，2016 年世界剑麻贸易量 19.4 万吨，贸易额 30.38 亿美元。

由于巴西在剑麻贸易中的重要地位，巴西剑麻纤维价格也基本代表了世界剑麻纤维的价格（图 5-4）。2000—2012 年，巴西剑麻纤维离岸价保持稳步上升，年均增长率为 15.79%；2012—2015 年离岸价增速进一步加快，年均增速达 28.96%，至 2015

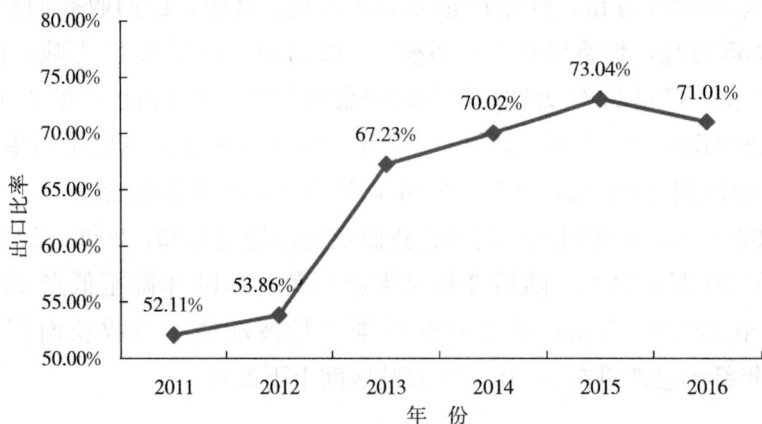

图 5-3　2011—2016 年巴西剑麻出口量占世界总出口量的比率

数据来源：巴西农业部

年巴西纤维离岸价达 1 541.82 美元/吨；2016 年小幅回落至 1 471.77 美元/吨，同比下降 4.54%。

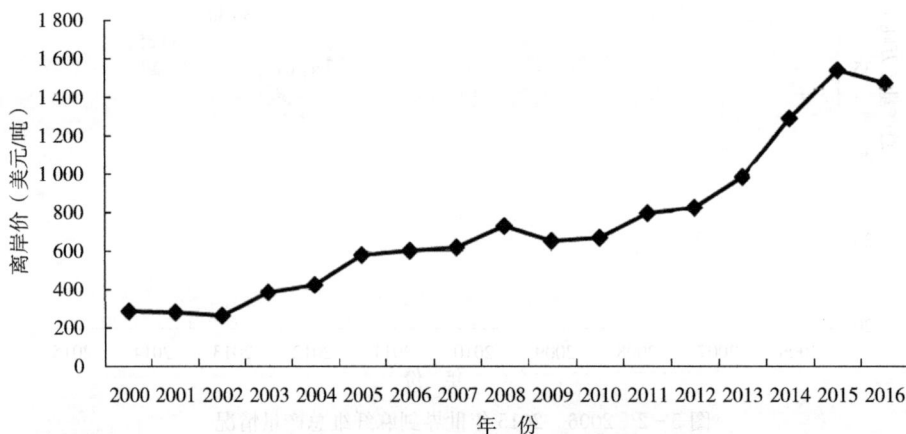

图 5-4　2000—2016 年巴西剑麻纤维离岸价情况

数据来源：巴西农业部

二、 我国剑麻产业基本情况

（一）生产情况

1. 种植及收获面积

2016 年我国剑麻种植面积 42.00 万亩（图 5-5），同比减少 1.41%。其中，广西 35.55 万亩，广东 5.25 万亩，海南 1.20 万亩，分别占全国总面积的 84.64%、12.50% 和 2.86%。全国剑麻收获面积 35.1 万亩，广西、广东和海南分别为 30.45 万亩、3.45万亩和1.20万亩。

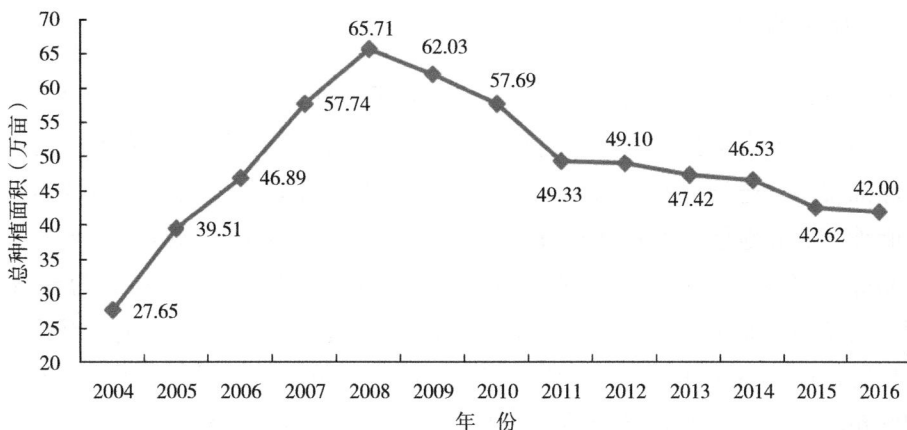

图 5-5 2004—2016年全国剑麻总种植面积

数据来源：农业部南亚办

2. 总产量、单产及总产值

总产量：2016年，全国剑麻总产量为11.96万吨（图5-6），同比增加3.3%。其中，广西8.60万吨，同比下降0.25%；广东3.04万吨，同比减少5.00%；海南0.32万吨，同比增加10.34%。三省（自治区）产量分别占全国的71.91%、25.42%和2.68%。

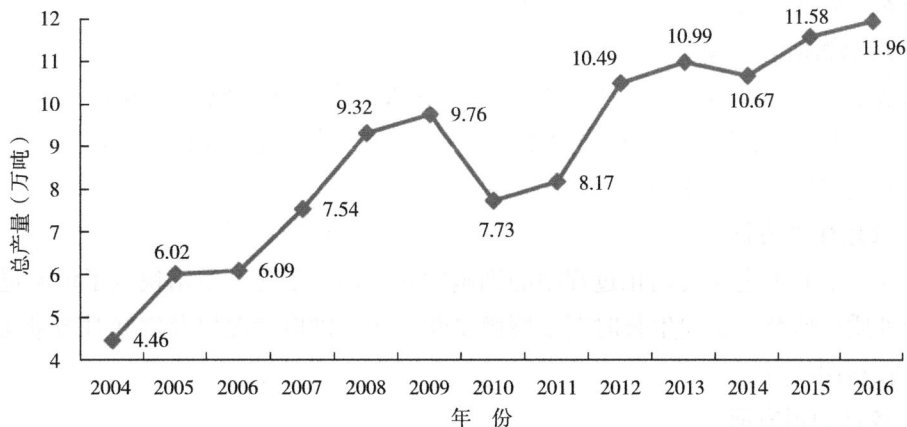

图 5-6 2004—2016年全国剑麻总产量

数据来源：农业部南亚办

单产：全国平均单产340.85千克/亩，同比增长8.60%。

总产值：全国剑麻总产值为11.05亿元，同比增加15.34%。其中，广西总产值为7.77亿元，同比增加6.88%；广东总产值为3.02亿元，同比增加45.89%；海南总产值为0.26亿元，同比增加8.33%。三省（自治区）产值分别占全国的70.32%、

27.33％和2.35％。

（二）加工情况

我国经过多年的发展，剑麻加工业得到了长足发展，我国剑麻加工企业主要有广东省东方剑麻集团有限公司、广西剑麻集团有限公司、广东琅日特种纤维制品有限公司、江苏淮安市万德剑麻有限公司、江苏洪泽迈克剑麻有限公司等，主要生产白棕绳、剑麻纱、剑麻地毯、剑麻抛光布、门口垫、絮垫、工艺品、墙纸、剑麻钢丝绳芯和化工品等20个系列500多个品种。基本实现了以产品为龙头，以市场为导向，产、供、销一条龙的产业化经营模式，2016年产值约18亿元。近年来，剑麻纤维应用范围不断拓展，产品不断推陈出新，广东省东方剑麻集团有限公司开发了彩色布、无油绳、剑麻超薄布、高支纱等新产品，广西剑麻集团尝试开发Φ5～6.5毫米高档钢丝绳芯产品。2016年由于市场纤维制品供需形势较好，剑麻制品企业经营效益良好。

（三）科研情况

2016年主要科研进展如下：

1. 育种方面

通过有性杂交和分子育种技术开展剑麻抗病育种研究，S0908、H1001、H1002、H1003和H1005等优良杂交单株纤维率达5％以上；构建了以Pcambia3300为基础质粒的表达载体并通过农杆菌将其导入剑麻。

2. 病虫害研究方面

探索了烟草疫霉菌游动孢子接种剑麻的方法；检测并比较了剑麻斑马纹病菌中*Szpg6*、*Szpg10*等5个基因；研究了龙舌兰属植物提取物对胶孢炭疽病病原菌和香蕉炭疽病病原菌的抑菌效果。

3. 栽培生理方面

研究了剑麻不定芽玻璃化过程中的细胞学和生理学变化；组培快繁了坦桑尼亚晚花剑麻种质；研究了不同生长时期土壤微量营养元素供应状况以及剑麻对微量元素养分的吸收利用特点。

4. 综合利用方面

优化了超声波辅助提取法对剑麻总皂苷的工艺；研制出了一种新型剑麻纤维提取机；开展了剑麻纤维复合材料、剑麻纤维素微晶复合材料和混凝土增强剂等方面的研究。

（四）对外投资情况

2016年，我国剑麻企业采用多种对外直接投资方式促进剑麻产业发展。广西剑麻集团与缅甸娃达国际贸易有限公司合作开展"中缅替代种植合作项目",目前已经种植了7 600亩剑麻,开割6 500亩,回购剑麻纤维1 500吨;6月,广西剑麻集团与中非农业公司签订了56吨纤维采购合同,达成在坦桑尼亚共建剑麻基地的合作意向;9月,广西剑麻集团与印尼Bumi Biru公司初步达成在印尼种植剑麻的合作意向,为加快"走出去"项目合作开启了新篇章。此外,广东省东方剑麻集团与柬埔寨华立公司达成初步的合作意向,目前,正抓紧组织人员做好项目前期考察和论证工作,编写可行性报告,从而加快推进合作进程。

三、剑麻市场形势分析

(一)全年价格走势情况

2016年,国内外市场对剑麻的需求一直保持旺盛的态势,特别是优质剑麻纤维供不应求。通过对广西、广东和海南三省(自治区)剑麻种植场进行定点跟踪可知(图5-7),2016年剑麻单价呈先降后升的态势。剑麻纤维平均最低价6.3元/千克,平均最高价13.8元/千克。海南省没有规模化的剑麻精加工厂,纤维需要运往广西、广东进行深加工,平均单价比广西、广东低1~3元。

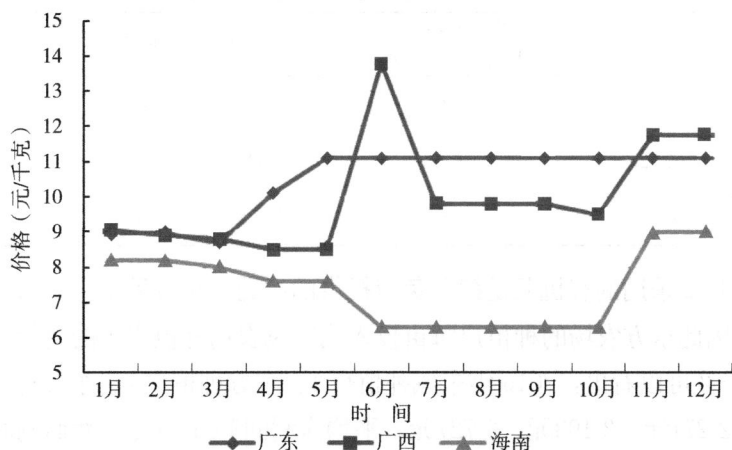

图5-7 2016年三省(自治区)剑麻纤维月均价格走势

(二)进出口情况

据海关统计,2016年,我国进口剑麻等纺织龙舌兰类纤维及其短纤和废麻3.09万吨,进口金额5 373.49万美元,分别同比减少38.93%、16.32%。进口均价为1.74美元/千克。其中,从巴西进口1.60万吨、坦桑尼亚0.88万吨、肯尼亚0.27万吨、马达加斯加0.23万吨,分别占总进口量的51.78%、28.48%、8.74%和7.44%。2016年,我国出口剑麻类纤维及其短纤和废麻15吨,出口金额34 018美元，其中，出口日本1.3吨，黎巴嫩0.2吨。

（三）效益分析

通过连续4年跟踪调查广西东风农场和东方农场的3位种植户投入产出情况（表5-1和表5-2）可以看出，不同剑麻种植户间管理水平差异较大。东方种植户3，2013年和2014年叶片的亩产与东方种植户2相比相差不明显，而2015年和2016年亩产则分别比东方种植户2高13.61%、14.29%，显然在种植年限基本一样的情况下，东方种植户3的管理水平要高一些。

表5-1 2013—2016年3位种植户收获叶片情况

农场种植户	面积（亩）	2013年		2014年		2015年		2016年		备注
		总产量（吨）	亩产量（吨）	总产量（吨）	亩产量（吨）	总产量（吨）	亩产量（吨）	总产量（吨）	亩产量（吨）	
东风种植户1	22.2	208	9.4	210	9.5	212	9.5	226	9.7	2009年种植的剑麻
东方种植户2	31.2	448	14.4	452	14.5	458	14.7	458	14.7	2006年种植的剑麻
东方种植户3	12.8	179	14.0	189	14.8	214	16.7	218	16.8	2007年种植的剑麻

表5-2 2016年3位种植户效益分析（元/亩）

农场种植户	毛收入	投入（含肥料、机耕人工及地租）	割麻成本	打麻成本	净利润	备注
东风种植户1	4 361	829	872	388	2 271	2009年种植的剑麻
东方种植户2	5 725	621	1 323	588	3 193	2006年种植的剑麻
东方种植户3	6 533	623	1 508	670	3 727	2007年种植的剑麻

东方种植户2采用的有机肥是糖厂免费提供的滤泥，东方种植户3采用的有机肥是自产的鸡粪，因此东方农场的种植户每亩投入比东风农场种植户1的要低，从而净利润更高。从表5-2可以看出，2016年东风种植户1、东方种植户2、东方种植户3的每亩净利润分别为2 271元、3 193元、3 727元，平均净利润3 063.7元。然而割麻成本逐年上升，2016年已经占总成本的一半左右，严重地挤压了剑麻种植户的利润空间。

2014—2016年，剑麻纤维价格稳步上升，因此剑麻种植户有强烈的种植愿望。

四、存在的主要问题和制约因素

（一）存在的主要问题

1. 主栽品种单一，新品种选育困难

目前，我国剑麻主栽品种仍是H.11648，经过了50多年的种植，品种单一的种

植风险逐渐凸显出来，早衰退化并面临新一轮剑麻病害的威胁，每年因病害死亡的剑麻面积达千亩，经济损失严重。同时，剑麻十年左右才开一次花和高度杂合体的特点致使新品种选育困难，且抗病高产新品种选育力度不足，尚无可替代品种，严重阻碍着剑麻产业的可持续发展。

2. 投资周期长，采收机械缺乏，采收成本高

剑麻在定植后前 3 年没有经济效益，第 6 年才达到收支平衡，投资周期较长，很难根据市场形势变化而做出调整。另外，麻片采收缺乏采收机械（如割麻机械），而目前人工费用高（2016 年人工割麻费涨到 100～120 元/吨），并且麻工短缺问题日益严重（尤其是甘蔗榨季等农忙季节），种植比较效益较低。

3. 新产品研发力度不足，综合利用率低

虽然剑麻用途广泛，且综合利用价值高，但我国剑麻制品公司研发力量不足，对研发重视不够，新产品开发滞后，目前还是以纤维产品为主，剑麻废弃物达 95%，开发利用不足，综合利用率低。

4. 环保问题

剑麻加工企业管理粗放，加工水平滞后，缺乏相应的环保设施设备。2016 年，中央环保督察组对广西进行了督查，南宁市武鸣区成了督查对象之一，该区大小 120 多家剑麻加工企业全部关门整顿。东风农场刮麻生产线几经整改，建立了废水回收利用系统，花费了大量资金和时间才得开业，但也因此耽误了加工时间，从而也耽误了剑麻麻片收割时间，损失巨大。

5. 缺乏相关产业政策的强有力支持

剑麻种植规模相对较小，地方政府重视程度不够，扶持力度不足。一是剑麻种植期长，投入成本高，缺乏相应的国家种苗补贴；二是加工企业贷款困难。因投资回报周期长，银行提供贷款积极性不高，致使剑麻制品企业难以通过银行信贷来筹措加工设备更新改造和剑麻收购资金，制约了加工企业的发展。

（二）制约因素

1. 病虫害

剑麻易感病虫害，一旦染病常造成剑麻田大量缺株，产量大幅降低，甚至完全失收。2016 年 1 月，剑麻新菠萝灰粉蚧入侵广西农垦东方农场，短时间内迅速蔓延到该场的大部分剑麻种植园，受害面积 9 000 多亩，虽然经多方努力，害虫被控制在可控范围之内，但仍造成了重大的经济损失，且 11 月有死灰复燃的态势。2016 年 7 月，广东东方红农场 13 队部分幼龄剑麻田遭受蔗根锯天牛危害，所幸采取了得力的应急措施，未造成严重的经济损失；2016 年 9 月，广西农垦新光农场发生了剑麻茎腐病危害而致使毁园，受害面积达 200 亩，经济损失较重。

2. 极端天气

剑麻地处热带亚热带地区，易受极端气候影响。2016 年第 8 号台风"电母"、第 21 号超强台风"莎莉嘉"均给我国剑麻生产造成了较为严重的影响；2016 年 1 月，强冷空气来袭，广西全区和云南广南县剑麻均受到影响，广西的强冷空气持续时间短，损失较小，而云南广南的强冷空气持续时间长，冻害达 50 年一遇的水平，使其剑麻 2016 年全年失收，损失惨重。

3. 比较效益无优势

剑麻投资周期长，又是劳动密集型产业，回报等待期较长，在当前土地资源与人力资源不足、土地成本与劳动力成本不断上升的情况下，比较效益并无优势，麻农往往选择改种其他回报快的短期经济作物。2016 年，国际食糖价格上涨，广西的糖料蔗收购价达 480 元/吨，高糖蔗高达 510 元/吨，甘蔗亩收入约 4 000 元，甘蔗迅猛发展；柑橘由于经济效益高亦发展迅猛；当前广西麻区的剑麻大部分是 2003—2007 年定植的，大部分已到开花更新的期限，而剑麻比较效益低，因此甘蔗和柑橘的迅猛发展势头很可能会造成蔗（或柑橘）进麻退的局面，在很大程度上挤占剑麻产业的发展空间。

4. 工业园区

工业园区投资周期较短、回报高，而剑麻效益较差，加之工业园审批管理不严，因此广西大部分剑麻农场争先恐后地发展工业园区，严重挤压了剑麻产业的发展空间。如玉林旺茂农场，由于工业园区发展及规划，剑麻面积已由高峰期的 1.5 万亩缩减至 0.5 万亩。扶绥山圩农场、钦州新光农场、武鸣东风农场等均不同程度地存在类似情况。

五、2017 年产业形势分析预测

（一）剑麻种植面积小幅下滑，纤维平均价格稳定

广西大部分剑麻园的剑麻是在 2003—2007 年定植的，正面临淘汰更新，由于甘蔗和柑橘产业的挤压，预计 2017 年剑麻种植面积会小幅下滑。而在剑麻种植面积略减的背景下，纤维需求依然旺盛，预计 2017 年剑麻纤维平均价格基本稳定。

（二）剑麻纤维供需缺口大

随着经济发展和人们生活水平的提高，人们环保观念也随之提高，这将推动剑麻纤维产品消费量的增加。目前全世界每年对剑麻的需求量约为 80 万吨，而纤维年产量约 41 万吨，且随着纤维新产品的研发，供需缺口将会越来越大。

六、政策建议

（一）加强科技创新与技术推广，促进产业链的前伸后延和产业升级

以剑麻产业升级和可持续发展需求为导向，充分利用中国热带农业科学院的科技优势和国家麻类产业技术体系平台，加强产、学、研联合，针对剑麻产业升级关键技术问题开展协同创新和推广。一是加大高产抗病新品种的选育和推广力度；二是加快剑麻采收机械的研制；三是加大纤维新产品研发力度，深入推进麻汁、麻渣综合利用，开发果胶、皂素等副产品，提高剑麻产业的经济效益。

（二）推动剑麻产业精准扶贫，拓展产业发展空间

我国热区大多处于老少边穷地区，迫切需要培育具有特色的主导产业，以带动当地脱贫致富，而剑麻正是热区重要的特色产业。在剑麻种植优势区域范围内，建议地方政府以精准扶贫为契机，加大招商引资力度，大力扶持建设贫困人口参与度高的剑麻特色农业基地，加强贫困地区剑麻农民合作社和剑麻龙头企业培育与引进，发挥其对贫困人口的组织和带动作用，强化其与贫困户的利益联结机制。在政府的指导监督下，企业、合作社、贫困农户等多元主体共同参与，构建"公司＋基地（合作社）＋农户"发展模式，通过发挥各方合作优势，使得产业扶贫利益最大化，以大力拓展剑麻产业发展空间。

（三）加大金融信贷支持力度，推动剑麻企业做大做强

建议剑麻主产区地方政府加大对产业的扶持力度，大力协调金融部门，切实解决企业、农户融资贷款难问题，创新投入机制，建立政府引导、企业主导、金融支持、社会参与的多渠道投融资机制，给予优惠政策，吸引社会资本积极推动剑麻产业发展。加快建立灵活多样的保险机制，设立政策性保险补贴和灾害保险补偿金。充分发挥金融政策的支撑保障作用，推动剑麻企业转型发展，做大做优做强。

（四）大力实施"走出去"战略，提高资源掌控力

鼓励我国剑麻企业抓住机遇，大力实施"走出去"战略，通过资本重组、兼并、收购、并购、入股、控股等多种方式到境外拓展剑麻产业，建立海外基地，充分利用国外优质的自然资源和廉价劳动力，增强对产业的控制力和供给力，缓解我国剑麻种植地与人力资源紧缺的问题。此外，对于境外独资或控股中资生产企业自产并运送回国内的剑麻应视同国产产品，一律全额返还关税和增值税，也可按境外的我国控股企业自产剑麻量发放减征或免征进口关税配额予以扶持。

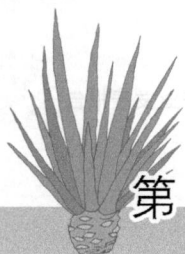

第六章

2017年剑麻产业发展报告

为促进剑麻产业可持续发展，本报告在收集整理国内外剑麻生产、加工、贸易、科研等产业信息的基础上，对当前产业状况认真总结分析，科学把握产业发展趋势，提出切实可行的政策建议。

一、世界剑麻产业概况

（一）生产

剑麻在世界热区广泛分布，是典型的热带作物。巴西、坦桑尼亚、肯尼亚、墨西哥、海地、马达加斯加、摩洛哥、委内瑞拉、中国、莫桑比克为剑麻前十大生产国，其剑麻收获面积之和占全球剑麻收获总面积的97%以上，其中巴西的收获面积和纤维产量均占全球的60%以上。

根据FAO的数据（图6-1和图6-2），2007—2012年世界剑麻收获面积稳定在

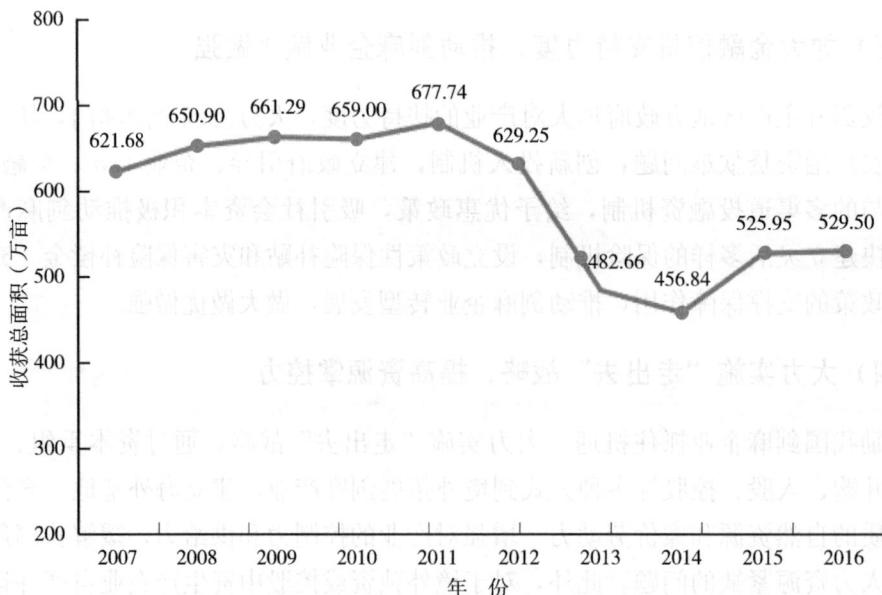

图6-1　2007—2016年世界剑麻收获总面积
数据来源：FAO

640万亩左右，2013年有大幅下滑，2014年滑至谷底，2015年小幅反弹，2016年与2015年基本持平；世界剑麻纤维产量波动情况比收获面积更为激烈，2007—2009年从38.22万吨上升至49.65万吨，然后2012年降至31.91万吨，随后触底反弹，至2016年涨至40.57万吨。2016年全球剑麻产量小幅下滑，纤维产量40.57万吨，比2015年减少0.56%。收获面积529.50万亩，同比增长0.67%。其中，巴西收获面积298.67万亩，产量21.85万吨；坦桑尼亚收获面积87.94万亩、产量4.23万吨；肯尼亚收获面积38.21万亩、产量2.34万吨；墨西哥收获面积40.23万亩、产量2.14万吨；马达加斯加收获面积21.20万亩、产量1.75万吨。2016年世界剑麻的平均单产为59.98千克/亩，而中国剑麻单产340.85千克/亩，是世界单产的5.68倍。

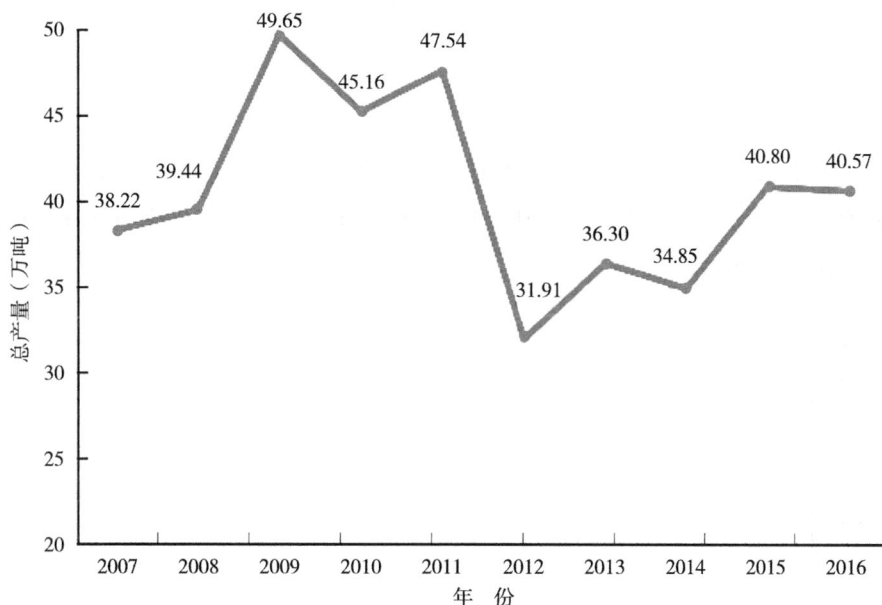

图6-2 2007—2016年世界剑麻纤维总产量情况

数据来源：FAO

（二）贸易

世界贸易中剑麻所占份额一直很小，但交易频繁。常年主要剑麻出口国为巴西、坦桑尼亚、肯尼亚，其中巴西的剑麻出口量占世界总出口量的50%以上（图6-3）。而我国则是主要的剑麻进口国之一。据巴西农业部估算，2017年世界剑麻贸易量15.92万吨，贸易额24.95亿美元。

由于巴西在剑麻贸易中的重要地位，巴西剑麻纤维价格也基本代表了世界剑麻纤维的价格（图6-4）。2008—2017年剑麻纤维离岸价整体呈上升趋势。2008—2012年，巴西剑麻纤维离岸价保持缓慢上升，年均增速为3.25%；2012—2015年离岸价

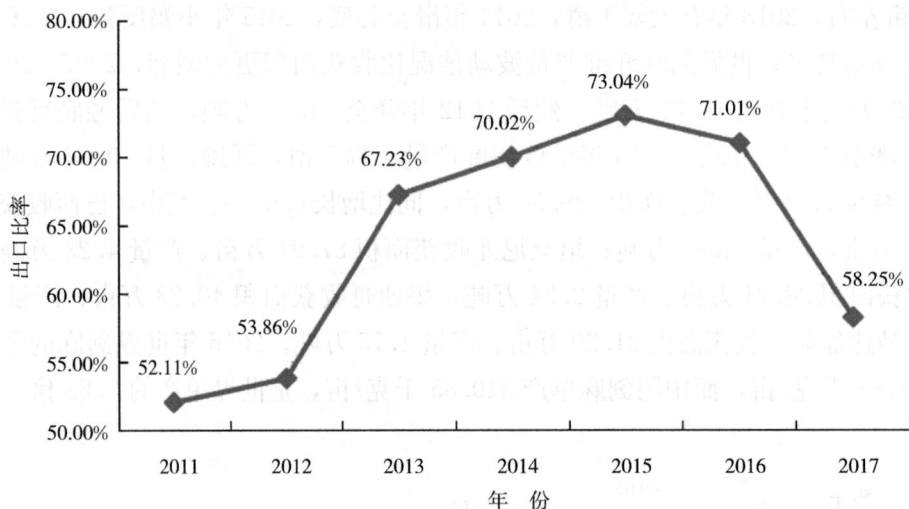

图 6-3　2011—2017 年巴西剑麻出口比重变动情况

数据来源：巴西农业部

增速加快，年均增速达 28.96%，至 2015 年巴西纤维离岸价达 1 541.82 美元/吨；2016 年小幅回落至 1 471.77 美元/吨，同比下降 4.54%。而 2017 年小幅回升至 1 567.13，同比增加 6.48%。

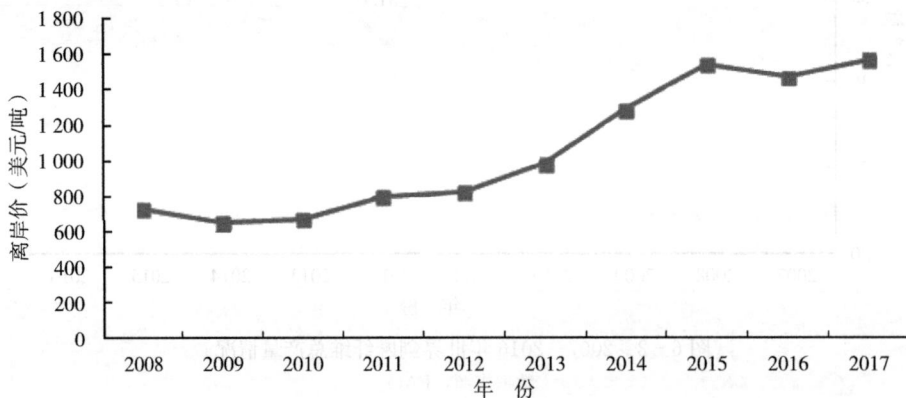

图 6-4　2008—2017 年巴西剑麻纤维离岸价情况

数据来源：巴西农业部

二、我国剑麻产业基本情况

（一）生产情况

1. 种植及收获面积

2017 年我国剑麻种植面积 38.87 万亩（图 6-5），同比减少 7.45%。其中，广西 32.94 万亩，广东 4.58 万亩，海南 1.07 万亩，分别占全国总面积的 84.74%、

11.78％和2.75％。全国收获面积32.54万亩，广西、广东和海南分别为29.05万亩、2.38万亩和1.06万亩。

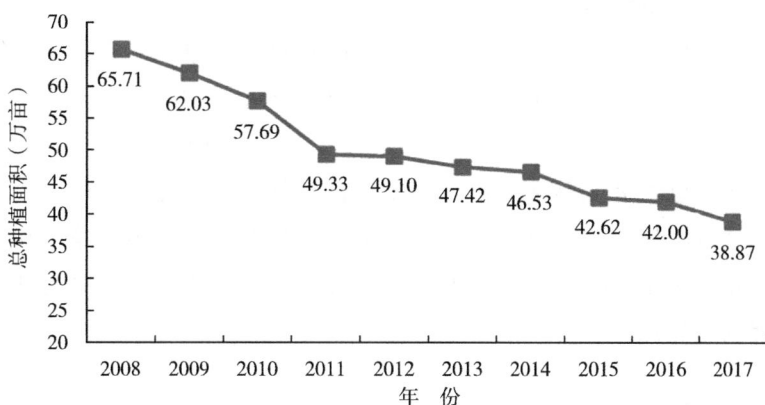

图 6-5　2008—2017 年全国剑麻总种植面积
数据来源：农业部南亚办

2. 总产量、单产及总产值

总产量： 2017 年，全国剑麻总产量为 9.28 万吨，同比减少 22.41％（图 6-6）。其中，广西总产量为 8.70 万吨，同比增加 1.16％；广东 0.27 万吨，同比减少 91.12％；海南 0.30 万吨，同比减少 6.25％。三省（自治区）产量分别占全国的 93.75％、2.91％和3.23％。

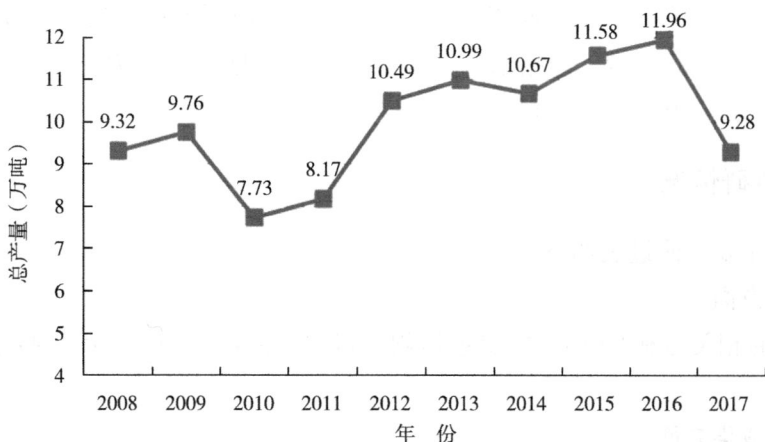

图 6-6　2008—2017 年全国剑麻总产量
数据来源：农业部南亚办

单产： 全国平均单产 285.31 千克/亩，同比减少 16.29％。

总产值： 全国剑麻总产值为 12.13 亿元，同比增加 9.77％。其中，广西总产值为 11.57 亿元，同比增加 48.91％；广东总产值为 0.34 亿元，同比减少 88.74％；海南总产值为 0.20 亿元，同比减少 23.08%。三省（自治区）产值分别占全国的 95.38%、2.80% 和 1.65%。

3. 贫困地区剑麻发展情况

剑麻是景天酸代谢途径植物，叶多肉，表面有蜡层，原生于人迹罕至的荒漠，具有耐瘠薄和耐旱等特点，可种植在优势区域内自然条件恶劣的地区，而这些地区大多都是贫困地区。因此，剑麻也就成为这些贫困山区产业扶贫的较好选择。2017 年，广西平果县旧城镇已发展剑麻 2 万亩，主要种植在其他作物无法种植的重度石漠化山区，已成为 2 个贫困村的脱贫支柱产业；云南广南县在贫困乡镇篆角乡和黑支果乡发展剑麻 5 000 亩，剑麻产业成为当地扶贫产业的名片。总之，贫困地区剑麻发展成为剑麻产业发展的新亮点。

（二）加工情况

我国剑麻加工业发展较快，剑麻加工企业主要有广西剑麻集团有限公司、广东省东方剑麻集团有限公司、广东琅日特种纤维制品有限公司、江苏淮安市万德剑麻有限公司、江苏洪泽迈克剑麻有限公司等，主要生产白棕绳、剑麻纱、剑麻地毯、剑麻抛光布、门口垫、絮垫、工艺品、墙纸、剑麻钢丝绳芯和化工品等 20 个系列 500 多个品种，实现了以产品为龙头，以市场为导向，产、供、销一条龙的产业化经营模式，2017 年产值约 17 亿元。

2017 年广东省东方剑麻集团有限公司生产纤维、无油绳、纱线、麻布等产品 3 130吨，地毯 15 万米^2，而广西剑麻集团有限公司则大力调整产品结构，增加高档钢丝绳芯规格产品的数量，开拓销售新亮点，并以山圩农场作为调整的核心加工基地，明显提高其高附加值产品的比率，增收 3 000 万元左右。

（三）科研情况

2017 年主要科研进展如下：

1. 专利方面

申请剑麻相关专利 96 项，主要包括剑麻机械、活性产物、产品和技术方法等领域的专利。

2. 项目成果方面

由广西农垦完成的"剑麻新品种选育和产业化技术集成示范应用"项目获得了广西科学技术进步奖三等奖，由江苏华峰自然纤维制品有限公司和淮安华创自动化设备有限公司完成的"剑麻行业全产业链成套设备及剑麻制品"项目在江苏省完成了成果登记。

3. 育种方面

从有性杂交后代中筛选出剑麻新优良单株 3 份；通过种质资源抗剑麻紫色卷叶病

跟踪观察初步筛选出抗剑麻紫色卷叶病品系 7 个。

4. 病虫害研究方面

在剑麻紫色卷叶病病原鉴定检测技术上取得了突破。

5. 栽培生理方面

新种剑麻园套种豆科绿肥技术效果显著,套种平托花生和柱花草的剑麻增产分别达 42.94％和 33.55％；而疏植苗圃仅于冬春旱季利用水肥一体化技术施肥水便可实现剑麻苗提前 3 个月以上出圃、母株繁育种苗量增长 40％以上。

6. 综合利用方面

推进剑麻废渣循环利用,利用麻渣作基质进行了竹荪种植试验,摸索麻渣饲料最佳配比并将麻渣作为饲料造粒,利用添加发酵麻渣的饲料饲喂羊,14％的羊与对照相比增重 83.56％；优化了剑麻皂苷的萃取与絮凝工艺,产品获得率提高了 15.5％。

(四) 对外投资情况

2017 年 8 月、9 月广西剑麻集团分别与老挝 LC 公司、老挝来发公司签订了在老挝发展剑麻种植加工生产示范基地的框架协议。其中：LC 公司、来发公司规划发展种植剑麻各 3 万亩。目前来发公司已完成 350 万株剑麻株芽苗疏植苗圃的建设。此外,广西剑麻集团与缅甸娃达国际贸易有限公司合作开展"中缅替代种植合作项目",已经种植了 7 600 亩剑麻,剑麻苗圃育苗 48 万株,2017 年生产剑麻纤维约 1 000 吨。2017 年广东省东方剑麻集团进一步推进了与柬埔寨华立公司的合作进程,在柬埔寨的广垦橡胶春丰基地建成 100 亩的剑麻苗圃；与印尼的公司达成初步的合作意向,目前正抓紧组织人员做好项目前期考察和论证工作,编写可行性报告。

三、剑麻市场形势分析

(一) 全年价格走势情况

2017 年,国内外市场对剑麻的需求一直保持较旺盛的态势,特别是优质剑麻纤维供不应求。通过对广西、广东和海南三省(自治区)剑麻种植场进行定点跟踪可知(图 6-7),2017 年上半年广东和广西剑麻单价呈小幅下降的态势,下半年价格保持不变,而海南则是全年保持不变。剑麻纤维平均最低价 8.6 元/千克,平均最高价 11.75 元/千克。

(二) 进出口情况

据海关统计,2017 年,我国进口剑麻等纺织龙舌兰类纤维及其短纤和废麻 3.39 万吨,同比增长 9.71％,进口金额 5 276.88 万美元,同比减少 1.80％。进口均价为

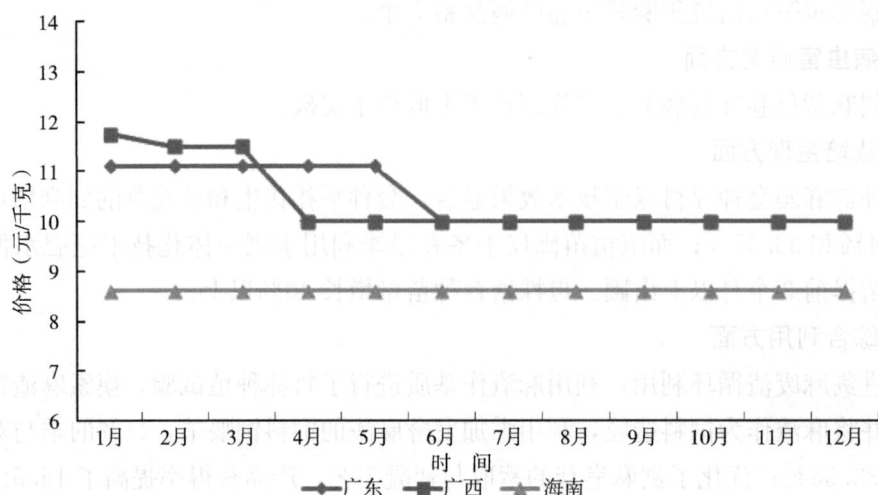

图 6-7　2017年三省（自治区）剑麻纤维月均价格走势

1.56 美元/千克，同比减少 10.34%。其中，从巴西进口 1.11 万吨，从马达加斯加进口 0.18 万吨，从坦桑尼亚进口 1.79 万吨，从肯尼亚进口 0.32 万吨，分别占总进口量的 32.74%、5.31%、52.80% 和 9.44%；与 2016 年相比，2017 年我国从巴西和马达加斯的进口量分别同比减少 30.63% 和 21.74%，而从坦桑尼亚和肯尼亚的进口量分别同比增加 103.41% 和 18.52%。2017 年我国出口越南的剑麻类纤维及其短纤和废麻为 0.95 吨，出口金额 16 293 美元。

（三）效益分析

通过连续 5 年跟踪调查广西东风农场和东方农场的 3 位种植户投入产出情况（表6-1 和表 6-2）可以看出，不同剑麻种植户间管理水平差异较大。东方种植户 32013 年和 2014 年叶片的亩产与东方种植户 2 相比基本相同，而 2015—2017 年亩产则分别比东方种植户 2 高 13.61%、14.29% 和 6.95%，显然在种植年限基本一样的情况下，东方种植户 3 的管理水平要高一些。

表 6-1　2013—2017 年 3 位种植户收获叶片情况表

农场种植户	面积（亩）	2013 年		2014 年		2015 年		2016 年		2017 年		备注
		总产量（吨）	亩产量（吨）	总产量（吨）	亩产量（吨）	总产量（吨）	亩产量（吨）	总产量（吨）	亩产量（吨）	总产量（吨）	亩产量（吨）	
东风种植户 1	22.2	208	9.4	210	9.5	212	9.5	226	9.7	230	10.36	2009 年种植的剑麻
东方种植户 2	31.2	448	14.4	452	14.5	458	14.7	458	14.7	471.1	15.1	2006 年种植的剑麻
东方种植户 3	12.8	179	14.0	189	14.8	214	16.7	218	16.8	206.7	16.15	2007 年种植的剑麻

表6-2 2017年3位种植户效益分析（元/亩）

农场种植户	毛收入	投入（含肥料、机耕人工及地租）	割麻成本	打麻成本	净利润	同比	备注
东风种植户1	3 729.7	713	932.4	414.4	1 669.9	26.47%	2009年种植的剑麻
东方种植户2	5 511.3	622	1 359	604	2 926.3	8.35%	2006年种植的剑麻
东方种植户3	5 894.2	623	1 453.5	646	3 171.7	14.90%	2007年种植的剑麻

东方种植户2采用的有机肥是糖厂免费提供的滤泥，东方种植户3采用的有机肥是自产的鸡粪，因此东方农场的种植户每亩投入比东风农场种植户1的要低，从而净利润更高。从表6-2可以看出，2017年平均净利润2 589.3元，比2016年减少15.48%，原因在于剑麻叶片收购价格下降，割麻成本逐年上升，2017年约占总成本一半，严重地挤压了种植户的利润空间。

四、存在的主要问题和制约因素

1. 品种单一引起病虫害频发，种植风险加剧，替代品种的问题亟待解决

目前，我国剑麻主栽品种仍是H.11648，经过了50多年的种植，品种单一的种植风险逐渐凸显出来，早衰退化并面临新一轮剑麻病害的威胁，每年因病害导致剑麻死亡的面积达千亩，经济损失严重，2017年在国有东方农场、红山农场和湛江麻区发生了剑麻新菠萝灰粉蚧、剑麻斑马纹病和茎腐病等剑麻病虫害，危害面积为3 400亩。同时，剑麻十年左右才开一次花和高度杂合体的特点致使新品种选育困难，且抗病高产新品种选育力度不足，尚无可替代品种，严重阻碍了剑麻产业的持续发展。

2. 投资周期长，割麻机械匮乏，采收成本高

剑麻投资周期较长，在定植后前3年没有经济效益，第6年才达到收支平衡，难以根据市场形势变化而快速做出调整。另外，剑麻种植园缺乏麻片采收机械，而目前人工割麻费用高，2017年人工割麻费100～120元/吨，并且割麻工短缺问题日益凸显出来，尤其是在甘蔗榨季等农忙季节。

3. 剑麻制品研发力量单薄，剑麻综合利用率低

我国剑麻制品公司研发力量不足，缺乏对产品研发的重视，相关剑麻科研机构甚少进行剑麻制品和加工机械方面的研究，新产品开发滞后，目前仍以纤维产品为主，剑麻废弃物率高达95%，开发利用不足，综合利用率低。

4. 加工企业环保设备亟待升级

剑麻加工企业管理粗放，加工水平滞后，缺乏相应的环保设施设备。2017年，环保执法机构继续加强对剑麻加工企业污染的督查，南宁市武鸣区120多家大小剑麻加工企业深受影响，大部分的企业面临关停的境地，只有少部分较大的加工企业装配了简易的环保设备，且这些环保设备也亟待升级，而升级设备需要耗费大量的资金和时间，对企业的经营形成了巨大的压力。

5. 国有剑麻制品企业体制亟待深化改革

大部分国有剑麻制品企业，历史遗留问题多，包袱沉重。有的企业由于体制原因，人员没有明确分离，企业人员超编，加大了企业经营成本，且背负包袱沉重；而有的企业则从成立之初靠贷款建工厂，负债重，每年支付的利息高，资产负率高，影响公司资产流动性，极大地影响了公司盈利能力。

6. 剑麻产业扶持政策缺乏绿色补贴

剑麻的种植规模相对较小，且未得到地方政府足够的重视与支持。一是，剑麻的种植周期较长，这导致了高昂的投入成本，而国家在种苗补贴方面的支持不足。二是，加工企业面临贷款难题。因投资周期长，银行提供贷款积极性不高，致使剑麻制品企业难以通过银行信贷来筹措加工设备更新改造和剑麻收购资金，制约了剑麻加工企业的发展。

7. 比较优势难以转化成规模竞争优势

虽然剑麻的经济效益要高于甘蔗、木薯等，但剑麻投资周期长，回报等待期长，在当前土地资源与人力资源不足、土地成本与劳动力成本不断上升的情况下，与其他经济作物相比，剑麻的比较优势无法凸显，麻农往往更愿意改种其他来钱快的经济作物。2017年广西国有东风农场有不少的麻农在淘汰老龄剑麻后改种了柑橘。

8. 工业园区的兴建挤压了剑麻产业的发展空间

工业园投资周期较短、回报快，相比之下，剑麻种植在这方面要差很多，加之工业园审批管理不严，建立容易，因此广西大部分剑麻农场争先恐后地发展工业园区，广东湛江麻区也有少量的农场开始发展工业园区，严重挤压了剑麻产业的发展空间。如2017年扶绥山圩农场由于工业园区的发展而将盛产期的剑麻毁掉，浦北东方农场、钦州新光农场、武鸣东风农场等均不同程度地存在类似情况。

五、2018年产业形势分析预测

（一）剑麻种植面积小幅下滑，纤维平均价格稳定

广西和海南大部分剑麻园的剑麻是在2003—2007年定植的，2018年正面临淘汰更新，由于工业园区和高效益经济作物的发展势头的吸引力，预计2018年剑麻种植面积会出现小幅下滑。而在剑麻种植面积略减的背景下，纤维需求依然旺盛，预计2018年剑麻纤维平均价格基本稳定。

（二）总产量略有下降，单产基本保持不变

由于种植面积小幅下滑，剑麻总产量将略有下降。由于大部分剑麻园主要由农场管理，麻园管理水平比较高，预计2018年单产在300千克/亩左右，单产水平预计仍居世界首位。

（三）消费市场将小幅增长，纤维供需缺口大

人们环保观念随着经济发展和生活水平的提高而不断增强，将拉动剑麻纤维产品消费量。目前全世界每年对剑麻的需求量约为80万吨，而纤维年产量约41万吨，且随着纤维新产品的研发，供需缺口将会越来越大。

六、政策建议

（一）加强科技创新与技术推广

以剑麻产业升级和可持续发展需求为导向，充分发挥中国热带农业科学院的科技优势和国家麻类产业技术体系平台，针对剑麻产业升级关键技术问题开展协同创新和推广，加强产、学、研联合。一是加大高产抗病新品种的选育和推广力度；二是加快剑麻采收机械的研制；三是加大纤维新产品研发力度，深入推进麻汁、麻渣综合利用，努力提高利用率，开发果胶、皂素等副产品，提高剑麻产业的经济效益。

（二）以乡村振兴战略为契机，推动剑麻产业精准扶贫

我国热区大多处于老少边穷地区，迫切需要培育具有特色的主导产业带动当地脱贫致富，而剑麻具有成为热区重要特色产业的巨大潜力。在剑麻种植优势区域，建议地方政府以乡村振兴战略为契机，推动剑麻产业精准扶贫，加大招商引资力度，大力扶持建设贫困人口参与度高的剑麻特色农业基地，加强对贫困地区剑麻农民合作社和剑麻龙头企业的培育与引进，发挥其对贫困人口的组织和带动作用，强化其与贫困户的利益联结机制。在政府的指导监督下，坚持企业、合作社、贫困农户等多元主体共同参与，构建"公司＋基地（合作社）＋农户"发展模式，通过发挥各方合作优势，促使产业扶贫利益最大化，以大力拓展剑麻产业发展空间。

（三）加大金融信贷支持力度，实施"走出去"战略

剑麻主产区地方政府应加大对剑麻产业的扶持力度，协调相关金融部门，切实解决企业、农户融资贷款难的问题，建立灵活多样的保险机制，设立政策性保险补贴和灾害保险补偿金，为剑麻产业健康发展保驾护航。此外，鼓励我国剑麻企业抓住机

遇，大力实施"走出去"战略，通过资本重组、兼并、收购、并购、入股、控股等多种方式拓展境外的剑麻产业发展空间，建立海外基地，充分利用国外优质的自然资源和廉价劳动力，增强对产业的控制力和供给力，缓解我国剑麻种植土地与人力资源紧缺的问题。

（四）深化国有剑麻加工企业的体制改革

深化体制改革，加快处理国有剑麻加工企业历史遗留问题，彻底理顺人员分离、职能权责不明确的关联关系，按次序层层落实分离人员的隶属问题，从而使国有剑麻加工企业"减负、瘦身"，在市场经济的浪潮中更富竞争力。

（五）推动酿酒剑麻产业发展

在纤维剑麻产业很难有大的突破的时候，酿酒剑麻也许是未来剑麻产业发展的新亮点。剑麻（龙舌兰）酒是世界范围内公认的高级饮料，2017年墨西哥龙舌兰酒出口量达2.1亿升，销售额超13亿美元，出口至中国（最新市场之一）的龙舌兰酒仅为300万美元，而中国是世界酒水行业的第一消费市场，占世界的20%，消费市场巨大。现国内已引入相关的酿酒种质，建议加大研究力度，推动酿酒剑麻产业的发展。

第七章

2018年剑麻产业发展报告

一、世界剑麻产业概况

(一) 生产情况

剑麻是全球最重要的热带纤维作物,在世界热区有广泛的分布,前十大生产国为巴西、坦桑尼亚、肯尼亚、海地、马达加斯加、墨西哥、摩洛哥、中国、莫桑比克和埃塞俄比亚。据FAO统计,2017年世界剑麻收获面积326.84万亩,比去年减少38.27%,纤维产量20.22万吨,比去年减少50.16%。其中,巴西收获面积127.29万亩、产量7.96万吨;坦桑尼亚收获面积67.72万亩、产量3.24万吨;肯尼亚收获面积39.30万亩、产量2.36万吨;海地收获面积29.78万亩、产量1.11万吨;马达加斯加收获面积20.76万亩、产量1.76万吨。前十大剑麻生产国收获面积合计占全球剑麻收获总面积和纤维总产量的比例均在80%以上(图7-1、图7-2),其中巴西的收获面积占世界剑麻收获面积的38.95%,纤维产量约占世界纤维产量的39.37%。2017年世界剑麻的平均单产为60.29千克/亩,而我国剑麻单产为285.31千克/亩,是世界单产的4.73倍。

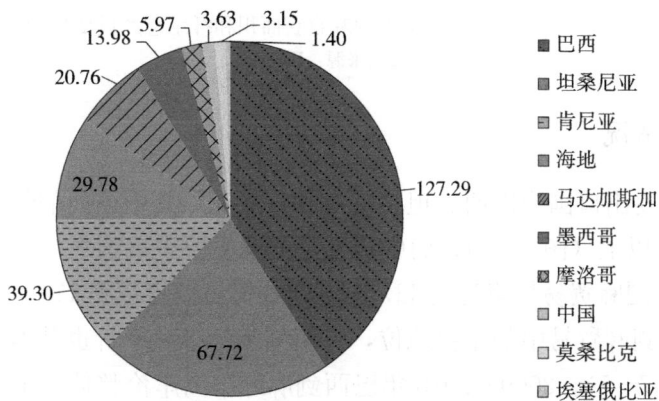

图7-1　2017年前十大剑麻生产国的剑麻收获面积(万亩)情况

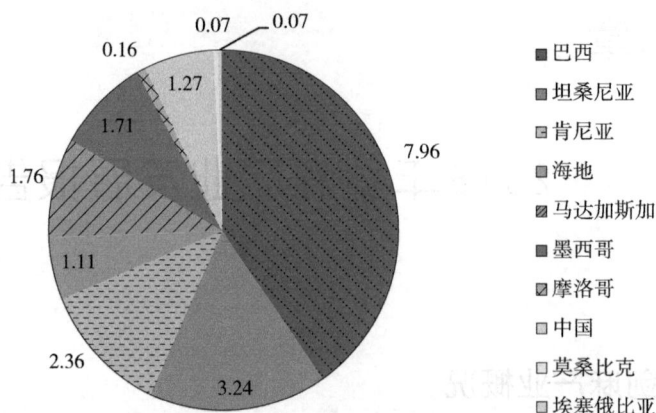

图 7-2　2017 年前十大剑麻生产国的纤维产量（万吨）情况

受连续干旱等自然灾害、病虫害频发和割麻劳动力短缺等影响，2008—2017 年期间世界剑麻收获面积整体呈下降趋势（图 7-3）。由 2008 年的 650.90 万亩下降至 2017 年的 326.84 万亩，年均降幅为 4.96%。世界剑麻纤维产量波动情况与收获面积的基本一致，由 2008 年的 39.44 万吨下降至 2017 年的 20.22 万吨，年均降幅为 4.87%。

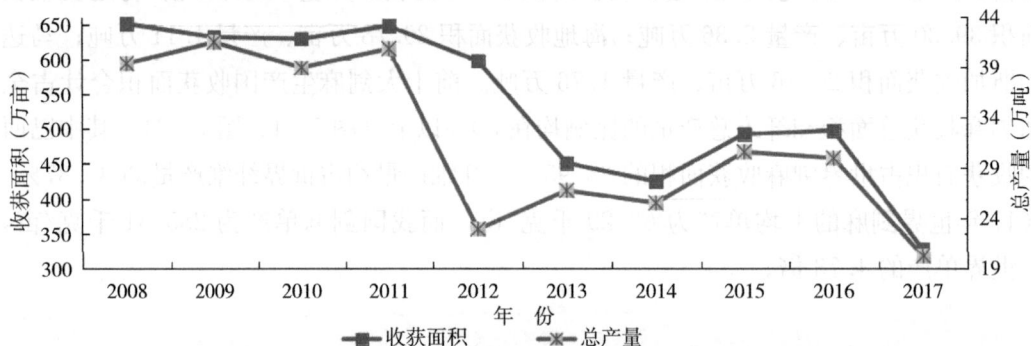

图 7-3　2008—2017 年世界剑麻收获面积和纤维总产量变化情况
数据来源：FAO

（二）贸易情况

剑麻贸易主要出口国为巴西、坦桑尼亚和肯尼亚，其中巴西的剑麻出口量占世界总出口量的 50% 以上（图 7-4）；而中国则是剑麻主要进口国之一。据巴西农业部估算，2018 年世界剑麻贸易量将达到 11.36 万吨，贸易额将达到 17.84 亿美元。

由于巴西在剑麻贸易中的重要地位，巴西剑麻纤维离岸价也基本代表了世界剑麻纤维的价格（图 7-5）。2009—2018 年巴西剑麻纤维离岸价整体呈上升趋势，2009—2012 年，巴西剑麻纤维离岸价保持缓慢上升，年均增速为 9.00%；2012—2015 年离岸价增速进一步加快，年均增速达 28.96%，至 2015 年巴西纤维离岸价达 1 541.82

美元/吨；2016年小幅回落至1 471.77美元/吨，同比下降4.54%；2017年小幅回升至1 567.13，同比增长6.48%。而2018年小幅回落至1 529.61美元/吨，同比下降2.39%。

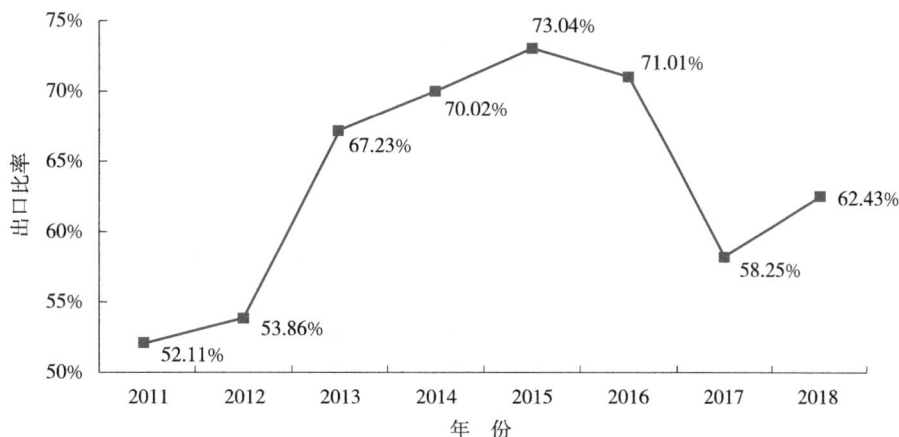

图7-4 2011—2018年巴西剑麻出口比重变动情况

数据来源：巴西农业部

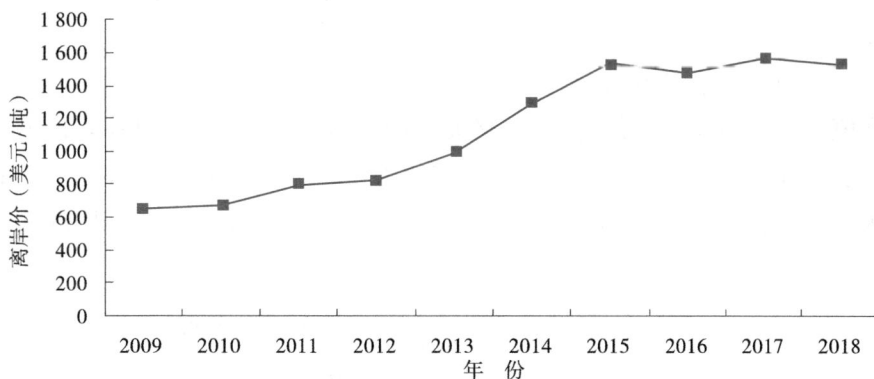

图7-5 2009—2018年巴西剑麻纤维离岸价情况

数据来源：巴西农业部

二、我国剑麻产业基本情况

（一）生产情况

1. 种植及收获面积

2018年我国剑麻种植面积31.86万亩（图7-6），同比减少18.03%。其中，广西25.89万亩，广东4.55万亩，海南1.07万亩，分别占全国总种植面积的81.26%、14.28%和3.36%。全国收获面积20.14万亩，广西、广东和海南收获面积分别为

16.11万亩、2.92万亩和1.07万亩。

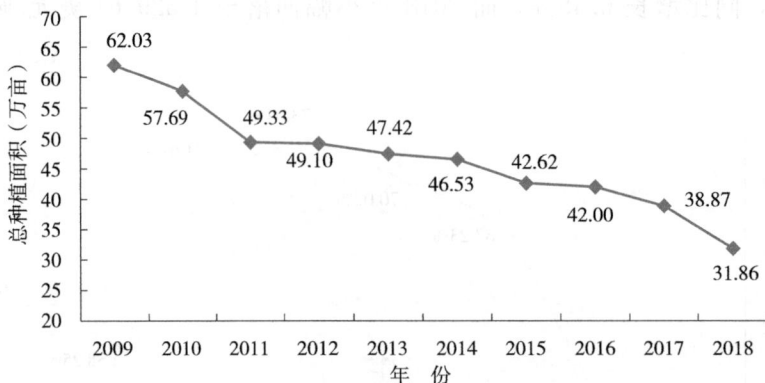

图7-6　2009—2018年全国剑麻总种植面积

数据来源：农业农村部农垦局

2. 总产量、单产及总产值

总产量：2018年，全国剑麻总产量为8.17万吨，同比减少11.96%（图7-7）。其中，广西7.59万吨，同比减少12.76%；广东0.27万吨，与去年持平；海南0.31万吨，同比增加3.33%。三省（自治区）产量分别占全国的92.90%、3.30%和3.79%。

单产：全国平均单产405.61千克/亩。

总产值：全国剑麻总产值为7.79亿元，同比减少35.78%。其中，广西总产值为7.21亿元，同比减少37.68%；广东总产值为0.36亿元，同比增加5.88%；海南总产值为0.21亿元，同比增加5.00%。三省（自治区）产值分别占全国的92.55%、4.62%和2.70%。

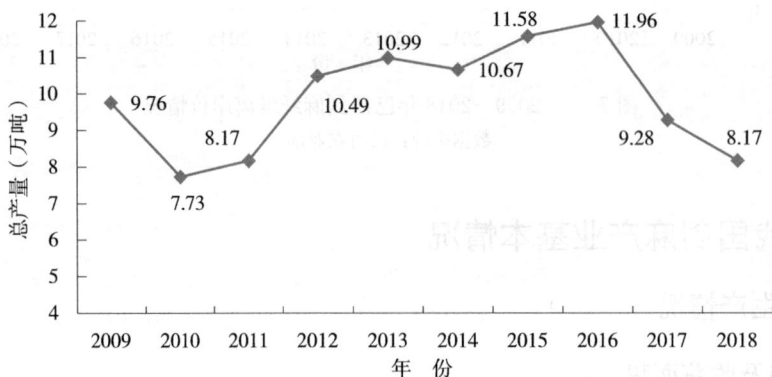

图7-7　2009—2018年全国剑麻总产量

数据来源：农业农村部农垦局

（二）加工情况

我国剑麻加工业发展较快，剑麻加工企业主要有广西剑麻集团有限公司、广东省东方剑麻集团有限公司、广东琅日特种纤维制品有限公司、江苏淮安市万德剑麻有限公司、江苏洪泽迈克剑麻有限公司和江苏南通大达麻纺织有限公司等，主要生产白棕绳、剑麻纱、剑麻地毯、剑麻抛光布、门口垫、絮垫、工艺品、墙纸、剑麻钢丝绳芯和化工品等20个系列500多个品种，实现了以产品为龙头，以市场为导向，产、供、销一条龙的产业化经营模式，2018年加工产值约18亿元。据不完全统计，2018年主要产品的生产量：剑麻地毯约400万米^2，麻布约23 000吨，纱线约10 000吨，钢丝绳芯约5 000吨。

2018年广东省东方剑麻集团有限公司生产漂白绳、纱线、麻布和染色纤维等各类剑麻产品3 085吨和剑麻地毯等14万米^2。广西剑麻集团有限公司则大力调整产品结构，增加高档钢丝绳芯规格产品的数量，开拓销售新亮点，并以山圩农场作为调整的核心加工基地，2018年广西剑麻集团山圩剑麻制品有限公司生产电梯用钢丝绳芯、高密度麻布和高支纱条等剑麻制品4 400吨，高附加值产品占80%。

（三）科研情况

2018年主要科研进展如下：

1. 专利方面

涉及剑麻的专利有39项，主要包括剑麻机械、活性产物、产品和技术方法等领域。

2. 项目成果方面

由广西众益生物科技有限公司完成的"特色林作物剑麻废渣综合处理及高值化利用成套技术的研究"项目在广西完成了成果登记。

3. 标准方面

涉及剑麻的标准有4项农业行业标准：《剑麻加工机械 理麻机》（NY/T 258）、《剑麻制品包装、标识、贮存和运输》（NY/T 3324）、《剑麻叶片》（NY/T 3194）、《标准化剑麻园建设规范》（NY/T 3202）。

4. 育种方面

抗病种质平均结果率20.16%，筛选到3个抗病杂交群体。

5. 病虫害研究方面

在剑麻紫色卷叶病病原鉴定检测技术方面取得了突破，初步确认病原为植原体。

6. 综合利用方面

优化麻渣饲料青贮技术，添加适量微生物以解决高含水率下麻渣青贮难的问题，实现麻渣青贮的产地化。

（四）对外合作情况

目前我国已在海外种植剑麻4.8万亩，其中坦桑尼亚种植剑麻28 000亩，年产纤维约2 000吨；缅甸种植剑麻10 000亩，年产纤维约1 000吨；印尼种植剑麻10 000亩，年产纤维约800吨。我国剑麻"走出去"主要以种植为主，原料返销。2018年广西剑麻集团有限公司向缅甸基地运送了剑麻定植种苗约10.5万株，抚育种苗约9万株，向农业农村部报送2018年农业国际交流合作项目"老挝剑麻种植加工生产示范基地建设项目"任务申报书，已被列入广西壮族自治区发展和改革委员会《中老合作规划纲要》任务方案。

三、剑麻市场形势分析

（一）全年价格走势情况

2018年，国内外市场对剑麻的需求一直保持较旺盛的态势，特别是优质剑麻纤维供不应求。对广西和广东剑麻种植场进行定点跟踪可知，2018年广东和广西地头剑麻纤维均价（鲜叶折算价，干纤维抽出率按鲜叶的4.5%计）保持不变，均为10元/千克；广西大机烘干的剑麻纤维价格在13～14.5元/千克，小机晒干的剑麻纤维价格在7.3～8元/千克之间；广东省的一刀麻纤维价格（鲜叶折算价）最低，为4.44元/千克，二刀麻纤维价格为6元/千克，三刀麻纤维价格为8元/千克，四刀及以上麻纤维价格为10元/千克。

（二）进出口情况

据海关统计，2018年，我国进口剑麻等纺织龙舌兰类纤维及其短纤和废麻3.84万吨（图7-8），同比增长13.27%，进口金额5 936.23万美元，同比增长

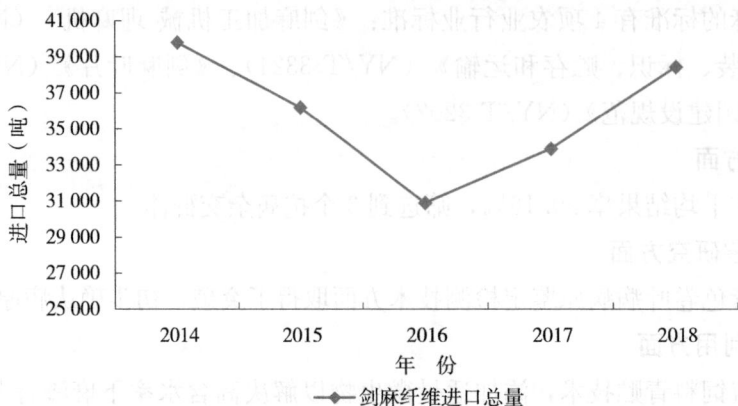

图7-8　2014—2018年我国剑麻纤维进口量的变化情况

12.50％。进口均价为 1.55 美元/千克，同比下降 0.64％。其中，从巴西进口 1.56 万吨（图 7-9），从马达加斯加进口 0.25 万吨，从坦桑尼亚进口 1.53 万吨，从肯尼亚进口 0.33 万吨，分别占总进口量的 40.63％、6.51％、39.84％和 8.59％。从坦桑尼亚的进口量同比减少 14.53％，从巴西、马达加斯加和肯尼亚的进口量分别同比增长 40.54％、38.89％和 3.13％。2018 年出口意大利的剑麻类纤维及其短纤和废麻为 6 千克，出口金额 162 元。

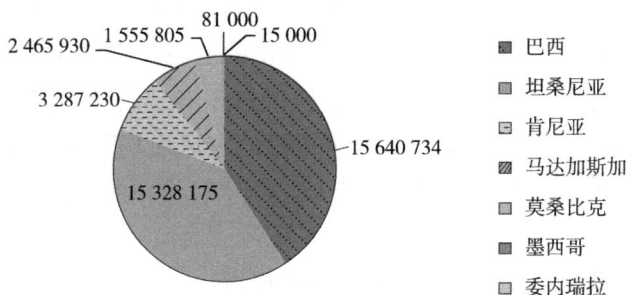

图 7-9　2018 年我国从不同国家进口剑麻纤维量（千克）的情况

（三）效益分析

剑麻是最为重要的热带纤维作物，生命周期长，一般在 10 年以上才开花，且开一次花后死亡。剑麻非生产期为种植后前三年，生产期一般在 9 年以上，如果管理到位生产期在 12 年甚至更长，鲜叶的干纤维抽出率为 4.5％。剑麻综合利用价值高，具有广阔的发展前景。

连续 5 年跟踪调查广西东风农场和东方农场的 3 位种植户投入产出情况（表 7-1 和表 7-2）可以看出，不同剑麻种植户田间管理水平差异较大，同一种植户 2014 年和 2015 年剑麻叶片的亩产基本相同。2015—2018 年东方种植户 3 比东方种植户 2 的亩产分别高 13.61％、14.29％、7.28％和 9.17％，显然在种植年限基本一样的情况下，种植户 3 的管理水平要高一些。

表 7-1　2014—2018 年三位种植户收获叶片情况表

农场种植户	面积（亩）	2014 年		2015 年		2016 年		2017 年		2018 年		备注
		总产量（吨）	亩产量（吨）	总产量（吨）	亩产量（吨）	总产量（吨）	亩产量（吨）	总产量（吨）	亩产量（吨）	总产量（吨）	亩产量（吨）	
东风种植户 1	22.2	210	9.5	212	9.5	226	9.7	230	10.36	—	—	2009 年种植的剑麻已转产
东方种植户 2	31.2	452	14.5	458	14.7	458	14.7	471.1	15.1	340.8	10.9	2006 年种植的剑麻
东方种植户 3	12.8	189	14.8	214	16.7	218	16.8	206.7	16.2	152.5	11.9	2007 年种植的剑麻

表 7-2　2018 年固定观测户效益分析（元/亩）

农场种植户	毛收入	投入（含肥料、机耕人工及地租）	割麻成本	打麻成本	净利润	同比	备注
东方种植户 2	5 241.6	870	982.8	436.8	2 952.0	1.00%	2006 年种植的剑麻
东方种植户 3	5 716.8	990	1 071.9	476.4	3 178.5	1.00%	2007 年种植的剑麻

东方种植户 2 采用的有机肥是糖厂免费提供的滤泥，东方种植户 3 采用的有机肥是自产的鸡粪。从表 7-2 可以看出，东方种植户 3 2018 年平均净利润 3 065.25 元，比 2017 年增长 18.38%，原因在于净利润较低的东风农场种植户退出。割麻成本逐年上升，2018 年约占总成本的一半，严重地挤压了种植户的利润空间。

四、产业发展特点和存在的主要问题

（一）产业发展特点

1. 栽培区域集中，集约化和产业化程度较高

我国剑麻主要分布在广东、广西和云南，其中主产区广东、广西的剑麻面积和纤维产量均占全国的 99%。广东和广西植区大面积麻田种植已初步实现机械化，机械化综合作业水平达 85%，已建立起一批剑麻龙头企业，基本实现了以产品为龙头，以市场为导向，产、供、销一条龙的产业化经营模式，初步形成了集约化和规模化经营的格局。

2. 栽培技术领先，产量较为稳定

我国剑麻栽培技术处于世界领先水平，大面积种植平均亩产干纤维达 300 千克/亩。近年来，在世界剑麻种植面积和产量逐年递减的情况下，我国剑麻虽受到紫色卷叶病影响，收获面积减少，但是通过采用先进的栽培技术，单产逐年提高，产量总体保持稳定。

3. 剑麻已成石漠化贫困地区扶贫新亮点

剑麻是景天科代谢途径的植物，具有耐瘠薄和耐旱等特点，可种植在我国优势区域内自然条件恶劣的地区，而这些地区大多都是贫困地区。因此，剑麻也就成为这些贫困山区产业扶贫的较好选择。2018 年，广西平果县旧城镇的 2 个贫困村已凭借剑麻产业脱贫，剑麻主要种植在其他作物无法种植的重度石漠化山区；云南广南县篆角乡和黑支果乡等 2 个贫困乡发展剑麻 5 000 亩，剑麻种植也成为当地扶贫产业的名片。因此，贫困地区剑麻发展成为剑麻产业发展的新亮点。

（二）存在的主要问题

1. 剑麻科技创新严重不足

剑麻 10 年以上才开一次花，育种周期长，加之剑麻科研投入断断续续，研究队伍单薄且不稳定，抗病育种、采收机械、纤维新产品开发和综合利用等方面的科技创新严重不足，难以支撑产业的可持续发展，尤其是在抗病高产品种的选育种方面进度缓慢。我国剑麻主栽品种仍是 H.11648，经过了 50 多年的种植，品种单一的种植风险逐渐凸显出来，早衰退化并面临新一轮剑麻病虫害的威胁，每年因病虫害死亡的剑麻面积达千亩，经济损失严重。2018 年在国有东方农场和湛江麻区剑麻发生了新菠萝灰粉蚧、斑马纹病和茎腐病等病虫害，危害面积为 2 300 亩，目前尚无可替代品种，严重阻碍了剑麻产业的可持续发展，培育替代品种迫在眉睫。

2. 剑麻无规模竞争优势，产业效益亟待进一步提高

虽然剑麻的经济效益要高于甘蔗、木薯等的经济效益，但剑麻投资周期长，回报慢，比较优势难以转化成规模竞争优势，加之很难根据市场形势变化而快速做出调整。因此，在当前土地资源与人力资源不足、土地成本与劳动力成本不断上升的情况下，与其他经济作物相比，剑麻的比较优势并没有凸显出来，麻农往往更愿意选择改种其他回报率高的经济作物。2018 年广西国有东风农场有不少的麻农在淘汰老龄剑麻后改种了沃柑。此外，剑麻目前还是以纤维产品为主，废弃率达 95%，综合利用率低，产业效益亟待进一步提高。

3. 剑麻加工企业环保设备亟待升级，产业生存空间遭受挤压

剑麻加工企业管理粗放，加工水平滞后，缺乏相应的环保设施设备。2018 年，海南剑麻加工企业已经被环保部门关停，同时污染问题继续困扰南宁市武鸣区 120 多家大小剑麻加工企业，大部分的企业也面临关停的境地，只有少部分较大的加工企业装配了简易的环保设备，且这些环保设备也亟待升级，而升级设备需要耗费大量的资金和时间，对企业的经营形成了巨大的压力，从而在一定程度上也挤压了产业的生存空间。此外，由于工业投资周期较短、回报率高，而与之相比剑麻经济效益差，加之工业园审批管理不严，因此广西大部分剑麻农场争先恐后地发展工业园区，广东湛江麻区也有少量的农场开始发展工业园区，严重挤压了剑麻产业的发展空间。

4. 缺乏相关产业政策支持，剑麻尚需拓展向外发展的空间

剑麻种植规模相对较小，地方政府重视程度不够，扶持力度不足，缺乏相应的国家种苗补贴。加之，因投资回报等待期长，银行提供贷款积极性不高，加工企业贷款困难，致使剑麻制品企业难以通过银行信贷来筹措加工设备更新改造和剑麻收购资金，制约了加工企业的发展。此外，在土地和人力成本大幅提升的背景下，剑麻在国

内很难有大幅的发展空间，尚需进一步拓展向外发展的空间。

5. 剑麻纤维低端产品繁多，高端产品缺乏，产业发展缺乏新亮点

剑麻初加工设备较为陈旧，致使纤维含杂率高、环头麻问题突出，严重限制了剑麻产品向高端产品发展，加之低档产品市场进入门槛低，生产厂家众多，产品繁多，低端产品同质化严重，竞争激烈，供应市场基本饱和；而高端产品对技术和设备的要求较高而致使进入门槛相对高，相关国内生产厂家屈指可数，产能不足，高端产品缺乏，而高档产品供不应求，市场潜力巨大。此外，剑麻产业发展以纤维产品为主，产业发展缺乏新亮点。

五、2019 年剑麻产业发展预测

（一）剑麻种植面积和产量均小幅下滑

广西大部分剑麻园的剑麻是在 2003—2007 年定植的，面临淘汰更新，由于工业园区和高效益经济作物的吸引力，预计 2019 年剑麻种植面积将小幅下滑。但大部分剑麻园主要由农场管理，管理水平比较高，预计 2019 年剑麻纤维单产稳定在 300 千克左右，但剑麻总产量可能会略有下降。

（二）纤维平均价格稳定

由于剑麻市场潜力大，产业前景向好，在种植面积略减的背景下，纤维需求依然旺盛，预计 2019 年剑麻纤维平均价格基本稳定。

（三）消费市场将小幅增长，纤维供需缺口大

人们环保观念随着经济发展和生活水平的提高而不断增强，将拉动剑麻纤维产品消费量的增长。目前全世界每年对剑麻的需求量约为 40 万吨，而纤维年产量约 20 万吨，且随着纤维新产品的研发，供需缺口将会越来越大。

六、剑麻产业发展建议

（一）加强科技创新与技术推广

以剑麻产业升级和可持续发展需求为导向，充分利用中国热带农业科学院的科技优势和国家麻类产业技术体系平台，加强产、学、研联合，针对剑麻产业升级关键技术问题开展协同创新和推广。一是加大高产抗病新品种的选育和推广力度；二是加快剑麻采收机械的研制；三是加大纤维新产品研发力度，深入推进麻汁、麻渣综合利用，开发果胶、皂素等副产品，提高剑麻产业的经济效益。

（二）做好剑麻产业发展顶层设计，提质增效

根据剑麻的特色优势，结合国家农业绿色发展和乡村振兴战略做好剑麻产业发展规划，目的在于大力发展剑麻产业的同时兼顾生态效益，推动剑麻生产向优势区域集中，以标准化生产示范园推进特色产业带建设，打造剑麻龙头企业，更新设备，优化产能，在每个产业带配套建设剑麻产品加工工业基地，推进剑麻产业供给侧结构性改革，引导产业健康持续发展。

（三）以乡村振兴战略和精准扶贫为契机，拓展剑麻发展空间

我国热区大多处于老少边穷地区，迫切需要培育具有特色的主导产业带动当地脱贫致富，而剑麻正是热区重要的特色产业。在剑麻种植优势区域内，建议地方政府以乡村振兴战略为契机，推动剑麻产业精准扶贫，加大招商引资力度，大力扶持建设贫困人口参与度高的剑麻特色农业基地，加强贫困地区剑麻农民合作社和剑麻龙头企业的培育与引进，发挥其对贫困人口的组织和带动作用，强化其与贫困户的利益联结机制。在政府的指导监督下，企业、合作社、贫困农户等多元主体共同参与，构建"公司＋基地（合作社）＋农户"发展模式，通过发挥各方合作优势，实现产业扶贫利益最大化，以大力拓展剑麻产业发展空间。

（四）加大金融信贷支持力度，实施"走出去"战略

剑麻主产区地方政府应加大对产业的扶持力度，协调金融部门，切实解决企业、农户融资贷款难问题，建立灵活多样的保险机制，设立政策性保险补贴和灾害保险补偿金，为剑麻产业健康发展保驾护航。此外，鼓励我国剑麻企业抓住机遇，大力实施"走出去"战略，通过资本重组、兼并、收购、并购、入股、控股等多种方式拓展境外的剑麻产业发展空间，建立海外基地，充分利用国外优质的自然资源和廉价劳动力，增强对产业的控制力和供给力，缓解我国剑麻种植地与人力资源紧缺的问题。

（五）推动酿酒剑麻发展，为剑麻产业增添新亮点

在纤维剑麻产业很难有大的突破的时候，酿酒剑麻也许是未来剑麻产业发展的新亮点。剑麻（龙舌兰）酒是世界范围内公认的高级饮料，2018年墨西哥出口龙舌兰酒达 2.3 亿升，销售额超 13 亿美元。而 2018 年中国进口龙舌兰酒 114.5 万升，价值562 万美元，中国是世界酒水行业的第一消费市场，占世界消费总量的 20％，消费潜力巨大。现国内已引入相关的酿酒种质，建议加大研究力度，推动酿酒剑麻产业的发展。

第 八 章

2019年剑麻产业发展报告

一、世界剑麻产业概况

(一) 生产情况

剑麻是多年生、单子叶、旱生、肉质一稔植物,原产于中美洲热带、亚热带干旱半荒漠地区,物种的起源中心位于墨西哥尤卡坦平原。剑麻有 400 多年的栽培历史,广泛分布于世界热区,前十大生产国为巴西、中国、坦桑尼亚、肯尼亚、海地、马达加斯加、墨西哥、摩洛哥、莫桑比克和埃塞俄比亚。据 FAO 及农业农村部农垦局统计数据,2018 年世界剑麻收获面积 358.05 万亩,比 2017 年增加 0.65%,纤维产量 26.7 万吨,比 2017 年减少 5.43%。其中,巴西收获面积 136.96 万亩 (图 8-1)、纤维产量 8.00 万吨 (图 8-2);中国收获面积 20.14 万亩、纤维产量 8.17 万吨;坦桑尼亚收获面积 68.26 万亩、纤维产量 3.38 万吨;肯尼亚收获面积 41.46 万亩、纤维产量 2.40 万吨;海地收获面积 33.07 万亩、纤维产量 1.22 万吨;马达加斯加收获面积 21.02 万亩、纤维产量 1.75 万吨;墨西哥收获面积 10.23 万亩、纤维产量 0.9 万吨;摩洛哥

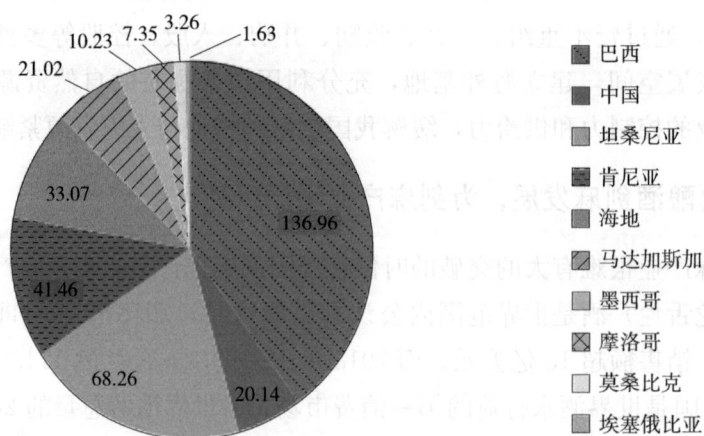

图 8-1 2018 年前十大剑麻生产国的收获面积 (万亩) 情况
数据来源:FAO、农业农村部农垦局

收获面积 7.35 万亩、纤维产量 0.16 万吨；莫桑比克收获面积 3.26 万亩、纤维产量 0.07 万吨；埃塞俄比亚收获面积 1.63 万亩、纤维产量 0.08 万吨。前十大剑麻生产国的总收获面积和纤维总产量分别占世界的 95.90% 和 97.87%，其中巴西的收获面积约占世界的 38.25%，纤维产量约占世界的 26.96%。2018 年世界剑麻的平均单产为 58.08 千克/亩，而中国剑麻单产 405.61 千克/亩，约是世界单产的 6.98 倍。

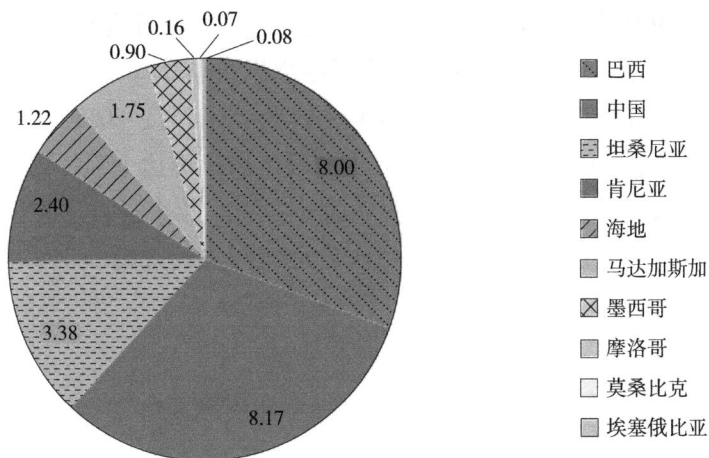

图 8-2　2018 年前十大剑麻生产国的产量（万吨）情况

数据来源：FAO、农业农村部农垦局

2009—2018 年世界剑麻收获面积整体呈下降趋势（图 8-3），由 2009 年的 661.29 万亩下降至 2018 年的 358.05 万亩，年均降幅为 6.59%。世界剑麻纤维产量由 2009 年的 49.65 万吨下降至 2018 年的 26.70 万吨，年均降幅为 6.66%，下降主要是受连续干旱、病虫害频发等自然灾害和割麻劳动力短缺等影响。

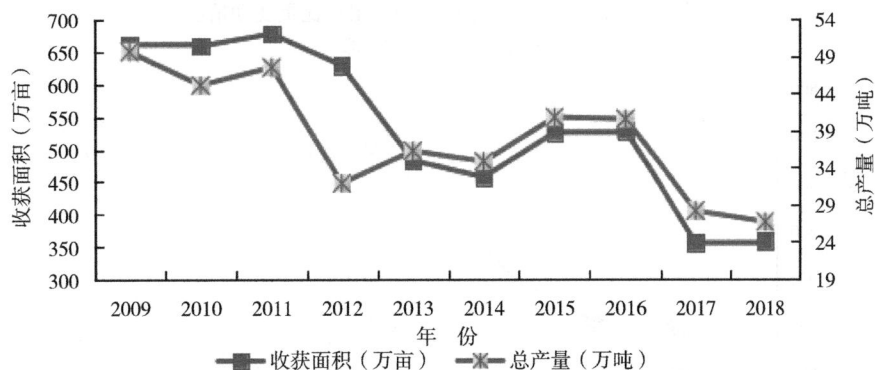

图 8-3　2009—2018 年世界剑麻收获面积和纤维总产量变化情况

数据来源：FAO、农业农村部农垦局

（二）贸易情况

人们环保意识不断提高，剑麻纤维需求旺盛，带动了剑麻贸易。据巴西农业部估算，2019 年世界剑麻贸易量 10.85 万吨，贸易额 16.49 亿美元。巴西、坦桑尼亚和肯尼亚是生产大国也是主要出口国，其中巴西的剑麻出口量占世界总出口量的 50% 以上（图 8-4），中国是最主要剑麻进口国之一。

由于巴西在剑麻贸易中的重要地位，巴西剑麻纤维离岸价也基本代表了世界剑麻纤维的价格（图 8-5）。2010—2019 年巴西纤维离岸价整体呈上升趋势，2010—2012 年，巴西剑麻纤维离岸价保持缓慢上升，年均增速为 10.97%；2012—2015 年离岸价增速加快，年均增速达 23.18%，至 2015 年，巴西纤维离岸价达 1 541.82 美元/吨；2016 年小幅回落至 1 471.77 美元/吨，同比下降 4.54%；2017 年小幅回升至 1 567.13，同比增长 6.48%。而 2019 年小幅回落至 1 520.36 美元/吨，年均降幅 1.50%。

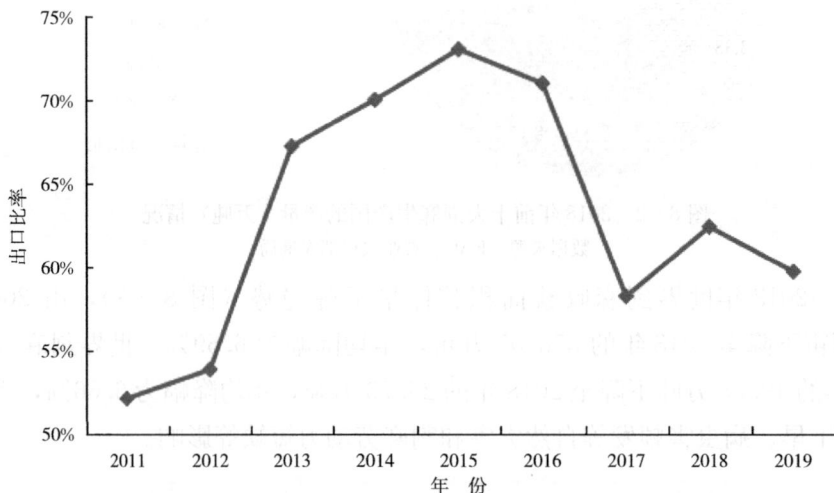

图 8-4　2011—2019 年巴西剑麻出口比重变动情况

数据来源：巴西农业部

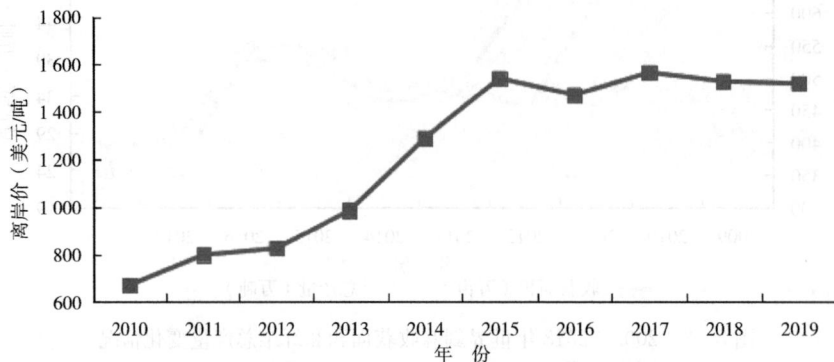

图 8-5　2010—2019 年巴西剑麻纤维离岸价情况

数据来源：巴西农业部

（三）国外产业政策支持情况

坦桑尼亚推出土地和税收的优惠政策，以吸引更多的国内外投资者，并通过剑麻协会培训现在和潜在的剑麻种植业者，提出到2025年产剑麻10万吨，希望赶超巴西成为世界最大的剑麻种植国。

二、我国剑麻产业基本情况

（一）生产情况

1. 种植及收获面积

2019年我国剑麻种植面积28.00万亩（图8-6），同比下降12.12%。其中，广西22.73万亩，广东4.20万亩，海南1.07万亩，分别占全国总面积的81.18%、15.00%和3.82%。全国收获面积24.95万亩，广西、广东和海南分别为21.50万亩、2.40万亩和1.05万亩。

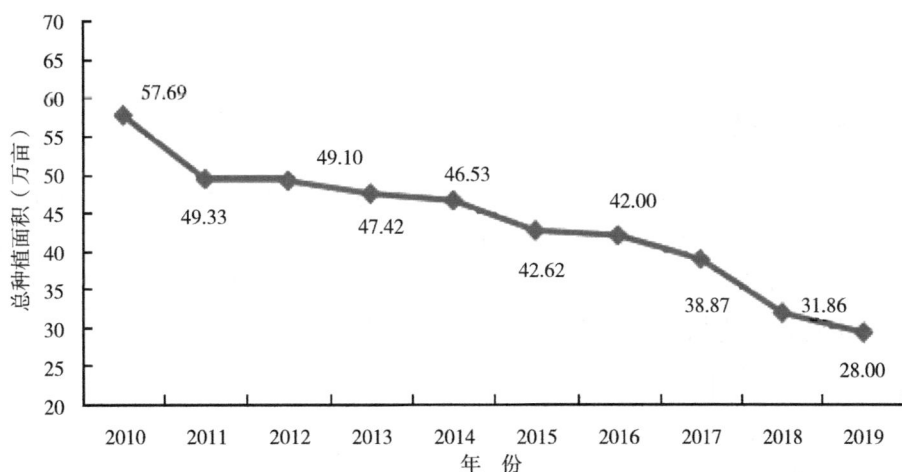

图8-6 2010—2019年全国剑麻总种植面积
数据来源：农业农村部农垦局

2. 总产量、单产水平及总产值

总产量：2019年，全国剑麻总产量为7.23万吨（图8-7），同比减少11.51%。其中，广西6.62万吨，同比减少12.78%；广东0.33万吨，同比增加24.37%；海南0.28万吨，同比减少6.71%。三省（自治区）产量分别占全国的91.56%、4.56%和3.87%。

单产：全国平均单产289.90千克/亩。其中，广西307.76千克/亩，同比减少34.64%；广东138.00千克/亩，同比增长51.32%；海南271.52千克/亩，同比减少 4.93%。

总产值：全国剑麻总产值为 6.48 亿元，同比减少 16.86%。其中，广西总产值为 5.89 亿元，同比减少 18.28%；广东总产值为 0.39 亿元，同比增加 7.76%；海南总产值为 0.20 亿元，同比减少 3.95%。三省（自治区）产值分别占全国的 90.89%、6.02% 和 3.09%。

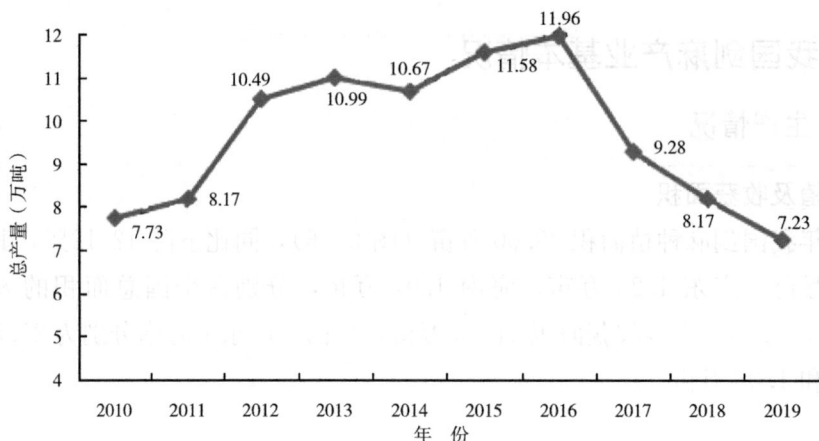

图 8-7　2010—2019 年全国剑麻总产量
数据来源：农业农村部农垦局

（二）贸易情况

据海关统计，2019 年，我国进口西沙尔麻等纺织龙舌兰类纤维及其短纤和废麻 48 757 402 千克（图 8-8），同比增长 26.82%，进口金额 7 454.81 万美元，同比增长 25.58%。进口均价为 1.53 美元/千克，同比减少 1.29%。其中，从巴西进口 22 488 199 千克、马达加斯加 1 794 202 千克，坦桑尼亚 19 392 160 千克、肯尼亚

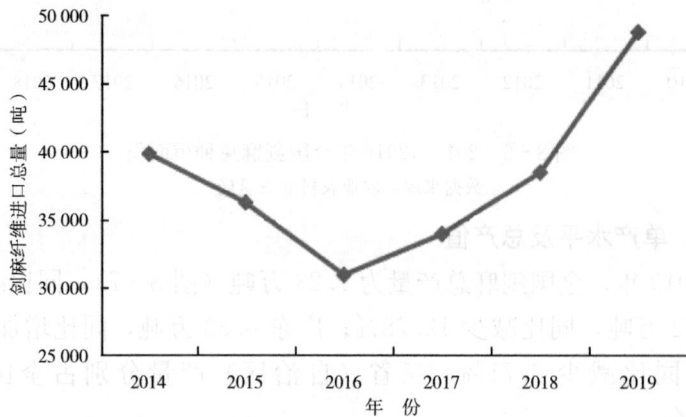

图 8-8　2019 年我国从世界主要剑麻生产国进口剑麻纤维量占纤维总进口量的比例
数据来源：海关总署

4 566 100千克，分别占总进口量的 46.12％、3.68％、39.77％和9.36％（图 8-9）。巴西、坦桑尼亚和肯尼亚进口量同比分别增长 43.78％、26.51％和38.90％，而马达加斯加同比减少 27.24％。2019 年我国出口日本和越南的剑麻类纤维及其短纤和废麻分别为 1.13 吨和 1.91 吨，出口金额分别为 2.59 万美元和 3.76 美元。

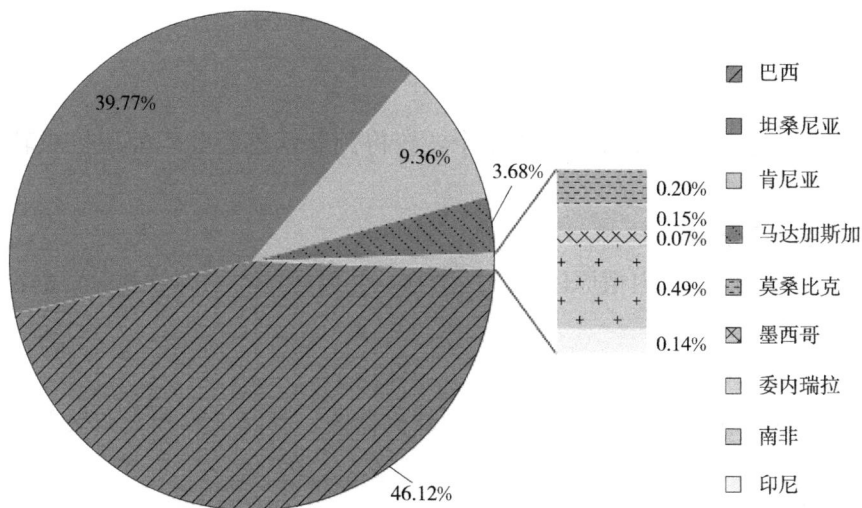

图 8-9　2014－2019 年我国剑麻纤维进口总量变化情况

数据来源：海关总署

（三）价格情况

2019 年，国际市场剑麻纤维供需缺口仍然较大，剑麻的市场需求一直保持较旺盛的态势，特别是优质的剑麻纤维。对广西和广东省剑麻种植场进行定点跟踪调研结果显示，2019 年广东和广西地头剑麻纤维均价（鲜叶折算价，干纤维抽出率按鲜叶 4.5％计）为 10 元/千克；广西大机烘干的剑麻纤维价格在 13～14.5 元/千克，小机晒干的剑麻纤维价格在 7.3～8 元/千克；广东省的一刀麻纤维价格（鲜叶折算价）最低，为 4.44 元/千克，二刀麻纤维价格为 6 元/千克，三刀麻纤维价格为 8 元/千克，四刀及以上麻纤维价格为 10 元/千克。

（四）加工情况

剑麻加工企业主要分布在广西的南宁，广东的佛山、东莞、湛江、清远，江苏的淮安、南通、无锡，以及山东滨州、临沂等地。据调查，加工企业已形成超过 7 万吨剑麻纤维的年加工能力，主要产品有白棕绳、剑麻纱条、剑麻地毯、剑麻抛光布、门口垫、絮垫、工艺品、墙纸、剑麻钢丝绳芯和化工品等 20 个系列 500 多个品种。据不完全统计，2019 年主要产品的生产量：剑麻地毯约 450 万米²，麻布约24 000吨，纱线约12 000吨，钢丝绳芯约5 000吨。剑麻产品主要的品牌有广西剑麻集团有限公司的"桂垦""剑王"和"东剑"，广东省东方剑麻集团有限公司的"太阳"和"东成"，广东琅日特种纤维制品有限公司的"琅日""琅美"和"TFC"。

（五）科研进展

2019年主要科研进展如下：

1. 育种方面

新建抗紫色卷叶病杂交后代群体1个，获得剑麻紫色卷叶病外源抗虫转化植株10株。

2. 病虫害研究方面

成功开发出剑麻植株内植原体特异性引物，并以此建立了高效剑麻紫色卷叶病病原鉴定检测体系。

3. 专利方面

涉及剑麻的专利有15项，主要包括割麻机器人、割麻工具和育苗装置、技术方法等。

4. 标准方面

涉及剑麻的标准有2项农业行业标准，为《剑麻织物　单位面积质量的测定》《热带作物品种试验技术规程 第14部分：剑麻》（NY/T 2668.14）。

（六）主产区产业动态

剑麻基地是产业发展的基础，也是提升核心竞争力的重要措施之一。广西剑麻集团强化自有种植基地，繁育了近200万株剑麻种苗，提出国内外种植基地双十万亩的发展目标。广东湛江剑麻集团现已在东方红、金星、幸福3个农场流转近1.5万亩土地，种植了5 000亩剑麻，建设育苗圃1 500亩，计划建设剑麻产业园区；在雷州市龙门镇湛江农垦第二机械厂建设万吨剑麻制品精品加工项目，项目投资2.5亿元，现已开工建设。此外，计划未来2年内更新揭阳农垦4 000亩剑麻。

三、我国剑麻产业效益分析

剑麻是重要的热带纤维作物，生命周期长，一般在10年以上才开花，开花后死亡。剑麻非生产期为种植后前3年，生产期一般在9年以上，如果管理到位生产期可超过12年甚至更长。从剑麻亩投入变动情况来看，2019年剑麻亩投入2 783元（表8-1），同比增长10.70%，主要原因是劳动力增长过快，割麻成本占总成本比例高达40%。调研数据显示，广西和广东剑麻主产区平均劳动力投入成本占生产成本的75.60%。2019

年，剑麻平均亩产值 4 868 元，与 2018 年相比略微下降，亩投入水平达到历史新高。

表 8-1　2014—2019 年剑麻产出投入情况

年份	投入（元/亩）	产值（元/亩）	产出投入比（%）
2014	2 136	4 210	197.10
2015	2 269	4 357	192.02
2016	2 474	4 739	191.55
2017	2 455	5 045	205.50
2018	2 514	4 879	194.07
2019	2 783	4 868	174.92

剑麻由于具有耐瘠薄和耐旱等特性，成为自然条件恶劣的贫困山区产业扶贫的较好选择。广西平果市康马村正是凭借发展剑麻产业摘帽脱贫。康马村现有剑麻收获面积 10 435 亩，配备半自动刮麻机 1 台，日加工叶片能力 20 吨，小型手拉式刮麻机 598 台，年纤维收入 1 304.38 万元。剑麻种植户 559 户，户均年纤维收入 2.3 万元。其中建档贫困户均为剑麻种植户，已脱贫 219 户 853 人，贫困发生率为 1.92%，低于国家要求的 3% 贫困发生率标准。

四、我国剑麻产业发展特点

（一）栽培区域集中，品种结构单一

我国剑麻栽培区域集中，主要分布在广东、广西和云南，其中广东、广西的种植面积和纤维产量均占全国的 99%。我国剑麻主栽品种非常单一，60 多年来只有 H.11648，品种单一的种植风险逐渐凸显，早衰退化趋势明显并面临新一轮剑麻病虫害的威胁，每年因此死亡的剑麻面积达千亩，经济损失严重。2019 年在国有东方农场和湛江麻区发生了剑麻新菠萝灰粉蚧、剑麻斑马纹病和茎腐病等剑麻病虫害，危害面积为 3 100 亩。

（二）产业发展以农垦为主，栽培技术世界领先

自 20 世纪 60 年代初引进种植以来，剑麻生产就一直以农垦系统为主，农场周边农户零散种植。得益于农垦制度的优势，我国剑麻栽培技术一直处于世界领先水平，平均亩产水平是世界平均水平的 3 倍以上，现在规模种植平均亩产干纤维达 300 千克。

（三）产品特点突出，市场前景可期

剑麻纤维具有坚韧耐磨、质地刚柔、富有弹性、低温下不会硬化脆断、不霉变、

耐腐蚀、无毒、无过敏、无污染、防静电等特点，可广泛应用于纺织、航运、电梯、工矿、物流运输、新型材料等多个领域，而麻渣、麻汁等副产物则可作为生物质资源和生物制药原料，应用前景广阔。在全球剑麻种植规模缩减的背景下，剑麻原料和制品需求将呈增长趋势。

五、存在的主要问题和瓶颈

（一）紫色卷叶病严重威胁剑麻生产

1998 年在海南省昌江黎族自治县剑麻区首次发现新菠萝灰粉蚧引起的紫色卷叶病，危害面积 1.2 万亩。2006 年 8 月该病害在广东湛江市雷州半岛剑麻区暴发，扩散蔓延迅速，危害面积达 8 万多亩，当地剑麻产业损失惨重，至今尚未完全恢复。2019 年 1 月在广西国有东方农场发现剑麻紫色卷叶病，经济损失严重，至此主产区均出现该病害。虽然这 2 年确定了其病原为植原体，但是植原体病害防治复杂，目前还没有防治紫色卷叶病的特效药。

（二）割麻机械化程度低的问题亟待解决

剑麻叶每年割 1 次，割叶占用大量劳动力，尚未实现机械化，随着老龄化和城镇化的加剧，劳动力成本不断上升，割麻工人愈发难找，目前割麻成本已经占种植成本的 40%，割麻也成为困扰剑麻产业持续发展的瓶颈。此外，除了纤维抽出率的 5% 外，剑麻 95% 均为废弃物，综合利用率低，产业效益亟待进一步提高。

（三）产品同质化严重

剑麻初加工设备较为陈旧，纤维含杂率高、环头麻问题突出，严重限制了其在高端产品上的应用。加之低档产品市场进入门槛低，生产厂家众多，产品繁多，低端产品同质化严重，供应市场基本饱和；而钢丝绳芯、高支纱条、高端家纺等高端产品对技术和设备的要求较高而导致进入门槛相对较高，国内生产厂家屈指可数，产能不足，高端产品缺乏，难以满足日益增长的高档产品需求。此外，剑麻产业发展以纤维产品生产和加工为主，产业发展新亮点尚待挖掘。

（四）扶持政策缺失

剑麻种植规模相对较小，扶持力度不足。因投资回报期长，银行提供贷款积极性不高，加工企业贷款困难，剑麻制品企业难以通过银行信贷来筹措加工设备更新改造和剑麻收购资金，在一定程度上制约了产业发展。

六、我国剑麻产业发展展望

（一）剑麻消费将小幅增长

全球绿色发展理念深入人心，将推动剑麻纤维等可再生资源消费需求。目前，世界每年对剑麻的需求量约为40万吨，而年产量约20万吨，随着纤维新产品的研发，供需缺口将会越来越大。

（二）纤维平均价格稳定

国外剑麻种植规模减小，但剑麻产品消费需求将小幅增长，预计2020年剑麻纤维平均价格将保持基本稳定。剑麻用途广泛，随着市场潜力的不断挖掘，我国剑麻产业将迎来更加广阔的市场空间和发展前景。

（三）剑麻种植面积和产量相对稳定

广西剑麻集团、广东省东方剑麻集团计划采取系列措施稳定产业发展，2020年全国种植面积总体保持相对稳定的可能性较大。此外，由于大部分剑麻园主要由农场管理，生产水平比较高，预计2020年剑麻纤维单产稳定在300千克/亩左右，剑麻总产量也将保持相对稳定。

七、我国剑麻产业发展建议

（一）加大科技投入，增强科技支撑能力

以剑麻产业升级和可持续发展为导向，加大科技投入，充分利用中国热带农业科学院的科技优势和国家麻类产业技术体系平台，加强产学研联合，针对剑麻产业升级关键技术问题开展协同创新和推广，增强科技支撑能力。一是加大高产抗病新品种的选育和推广力度；二是加快剑麻采收机械的研制；三是加大纤维新产品研发力度，深入推进麻汁、麻渣综合利用，开发果胶、皂素等副产品，提高剑麻产业的经济效益。

（二）聚力提质增效，推动产业可持续发展

推动剑麻生产向优势区域集中，以标准化生产示范园推进特色产业带建设，打造剑麻龙头企业，更新设备，优化产能，在每个产业带配套建设剑麻产品加工基地，推进剑麻产业供给侧结构性改革，引导产业健康持续地发展。

（三）以乡村振兴战略为契机，拓展产业发展空间

建议剑麻主产区政府以产业兴旺为抓手，推动乡村振兴建设。加大招商引资力度，大力扶持建设剑麻特色农业基地，加强剑麻农民合作社和龙头企业的培育与引进，发挥其对产业发展的组织和带动作用，与农户构建稳定紧密的利益联结机制。探索"公司＋基地（合作社）＋农户"发展模式，构建企业、合作社、农户等多元主体共同参与的发展格局，大力拓展剑麻产业发展空间。

（四）加强金融信贷政策支持，大力推动"走出去"

建议剑麻主产区政府加大对产业的扶持力度，协调金融部门，切实解决企业、农户融资贷款难问题，建立灵活多样的保险机制，设立政策性保险补贴和灾害保险补偿金，为剑麻产业健康发展保驾护航。此外，鼓励我国剑麻企业抓住机遇，实施"走出去"战略，充分利用国内外资源，通过多种方式拓展境外剑麻产业发展空间，推动产业发展。

第九章

2020年剑麻产业发展报告

一、世界剑麻产业概况

（一）生产情况

据 FAO 及农业农村部农垦局统计数据，2019 年世界剑麻收获面积 374.61 万亩，比 2018 年增加 4.62%，纤维产量 26.49 万吨，比 2018 年减少 0.79%。前十大生产国为巴西、中国、坦桑尼亚、肯尼亚、海地、马达加斯加、墨西哥、摩洛哥、埃塞俄比亚和莫桑比克（图 9-1、图 9-2）。其中，巴西收获面积 148.74 万亩、纤维产量 8.68 万吨；中国收获面积 24.95 万亩、纤维产量 7.23 万吨；坦桑尼亚收获面积 64.83 万亩、纤维产量 3.27 万吨；肯尼亚收获面积 36.24 万亩、纤维产量 2.10 万吨；海地收获面积 38.32 万亩、纤维产量 1.41 万吨；马达加斯加收获面积 21.10 万亩、纤维产量 1.76 万吨；墨西哥收获面积 12.93 万亩、纤维产量 1.24 万吨；摩洛哥收获面积 8.57 万亩、纤维产量 0.17 万吨；埃塞俄比亚收获面积 1.57 万亩、纤维产量 0.08 万吨；莫桑比克收获面积 3.03 万亩、纤维产量 0.06 万吨。前十大剑麻生产国的总收获面积和纤维产量分

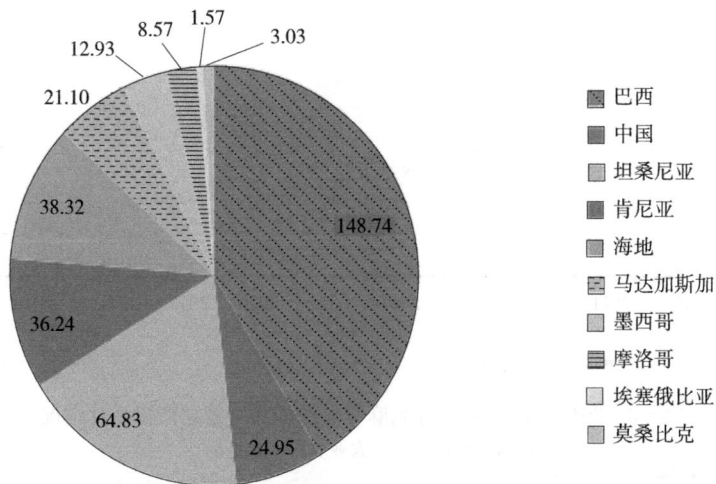

图 9-1　2019 年前十大剑麻生产国的收获面积（万亩）情况

数据来源：FAO、农业农村部农垦局

别占世界的 96.17% 和 98.13%，其中巴西的收获面积和纤维产量分别约占世界的 39.71% 和 32.77%。2019 年世界剑麻的平均单产为 58.42 千克/亩，而中国剑麻单产 289.90 千克/亩，是世界单产的 4.96 倍。

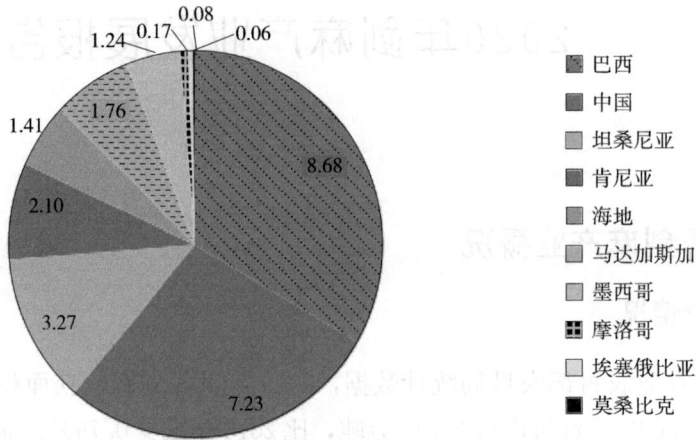

图 9-2　2019 年前十大剑麻生产国的产量（万吨）情况
数据来源：FAO、农业农村部农垦局

2010—2019 年世界剑麻收获面积整体呈下降趋势（图 9-3），由 2010 年的 659.00 万亩下降至 2019 年的 374.60 万亩，年均降幅为 6.08%。世界剑麻纤维产量由 2010 年 的 45.16 万吨下降至 2019 年的 26.49 万吨，年均降幅为 5.75%。这些变化主要是受干 旱和病虫害频发等自然灾害和割麻劳动力短缺等影响。从世界剑麻生产指数[①]看出， 2010—2019 年呈整体下降，2011 年世界剑麻总产量生产指数最高 147.77（图 9-4）， 2017—2019 年呈平稳的态势，世界剑麻总产量和人均产量生产指数稳定在 67~69。

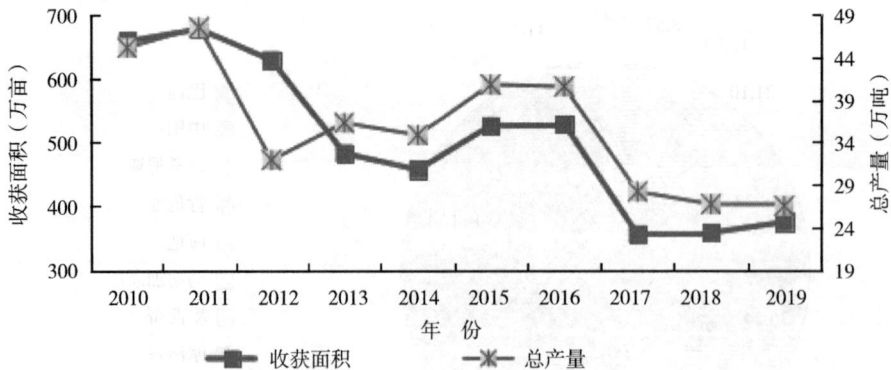

图 9-3　2010—2019 年世界剑麻收获面积和纤维总产量变化情况
数据来源：FAO、农业农村部农垦局

---

① 注：生产指数是按日历年度计算的，按拉氏（Laspegres）公式 $I = \sum q^{tp0} / \sum q0p0$（$p0$ 是剑麻的基期国际平均 价格，q^t 是剑麻的报告期产量，$q0$ 是剑麻的基期产量）计算。剑麻的产量用 2014—2016 年国际商品的平均价格进行加 权，然后再总和出每年的数量。

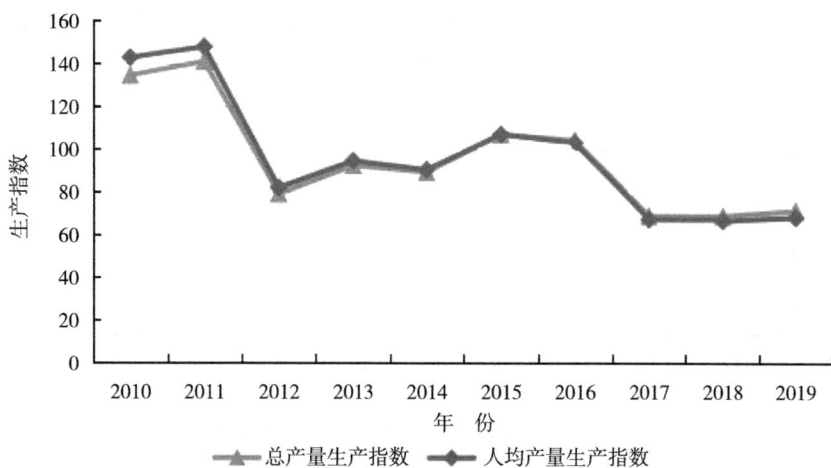

图 9-4　2010—2019 年世界剑麻生产指数
数据来源：FAO

（二）贸易情况

据巴西农业部估算，2020 年世界剑麻贸易量 10.35 万吨，贸易额 15.8 亿美元。巴西、坦桑尼亚和肯尼亚是生产大国也是主要出口国，其中巴西的剑麻出口量占世界总出口量的 50％以上（图 9-5），中国是主要剑麻进口国之一。

基于巴西剑麻纤维在国际剑麻纤维贸易中举足轻重的位置，巴西剑麻纤维离岸价变化基本代表了国际剑麻纤维的价格走势（图 9-6）。由于剑麻纤维价格向好，2011—2020 年纤维离岸价整体呈上升趋势，2011—2015 年离岸价快速增长，年均增速达 17.90％，至 2015 年巴西纤维离岸价达 1 541.82 美元/吨；2016 年小幅回落至1 471.77 美元/吨，同比下降 4.54％；2017 年小幅回升至 1 567.13，同比增长 6.48％。

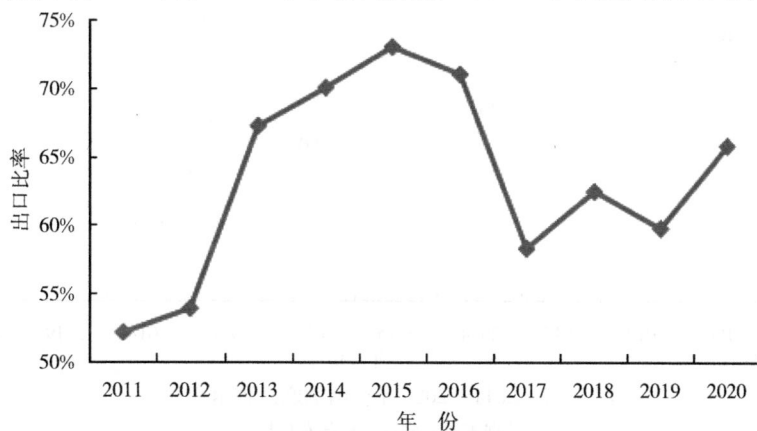

图 9-5　2011—2020 年巴西剑麻出口比率变动情况
数据来源：巴西农业部

而后持续小幅回落，至 2020 年回落至 1 486.75 美元/吨，年均降幅 1.74%。

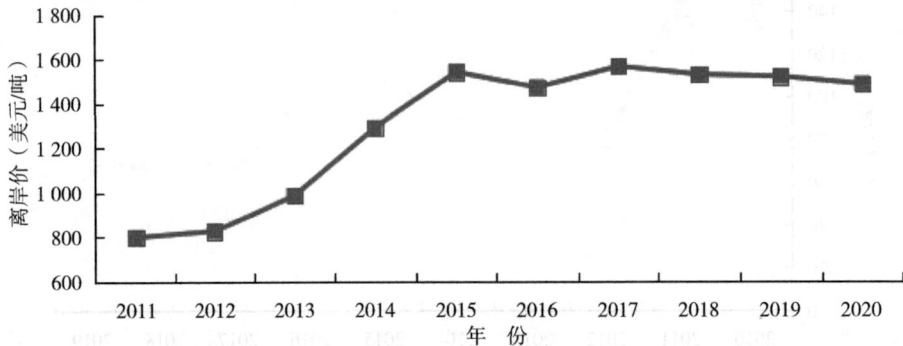

图 9-6 2011—2020 年巴西剑麻纤维离岸价情况

数据来源：巴西农业部

二、我国剑麻产业基本情况

（一）生产情况

1. 种植及收获面积

2020 年我国剑麻种植面积 27.3 万亩（图 9-7），同比减少 2.50%。其中，广西 21.2 万亩，广东 5.2 万亩，海南 0.9 万亩，分别占全国总面积的 77.65%、19.05% 和 3.30%。全国收获面积 23.7 万亩，广西、广东和海南分别为 19.7 万亩、3.1 万亩 和 0.9 万亩。

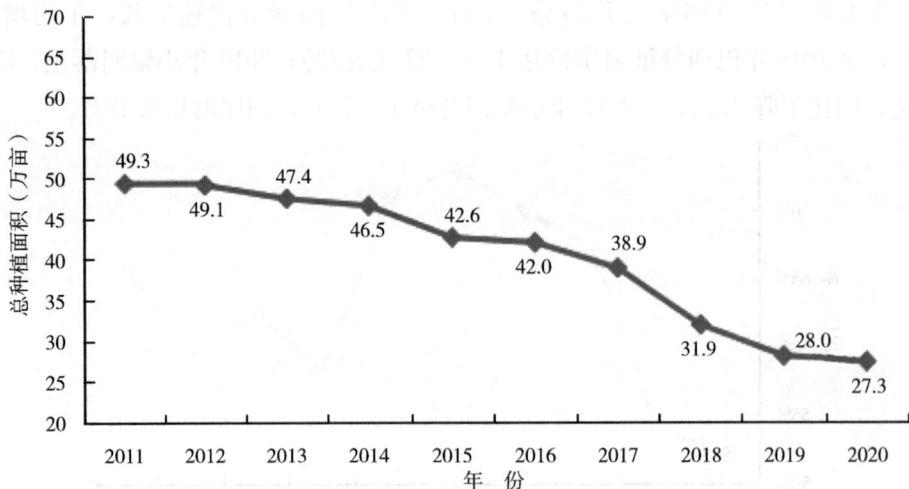

图 9-7 2011—2020 年全国剑麻总种植面积

数据来源：农业农村部农垦局

2. 总产量、单产及总产值

总产量：2020 年，全国剑麻总产量为 6.9 万吨（图 9-8），同比下降 4.17%。其中，广西 6.3 万吨，同比减少 4.10％；广东 0.4 万吨，同比减少 80.96％；海南 0.2 万吨，同比减少 39.17％。三省（自治区）产量分别占全国的 91.30％、5.80％ 和 2.90％。

单产： 全国平均单产 292.7 千克/亩。其中，广西 321.8 千克/亩，同比增长 4.55％；广东 132.0 千克/亩，同比减少 4.35％；海南 204.0 千克/亩，同比减少 24.85％。

总产值： 全国剑麻总产值为 5.4 亿元，同比减少 16.73％。其中，广西总产值为 4.8 亿元，同比减少 19.23％；广东总产值为 0.5 亿元，同比增加 31.58％；海南总产值为 0.1 亿元，同比减少 36.58％。三省（自治区）产值分别占全国的 88.89％、9.26％和1.85％。

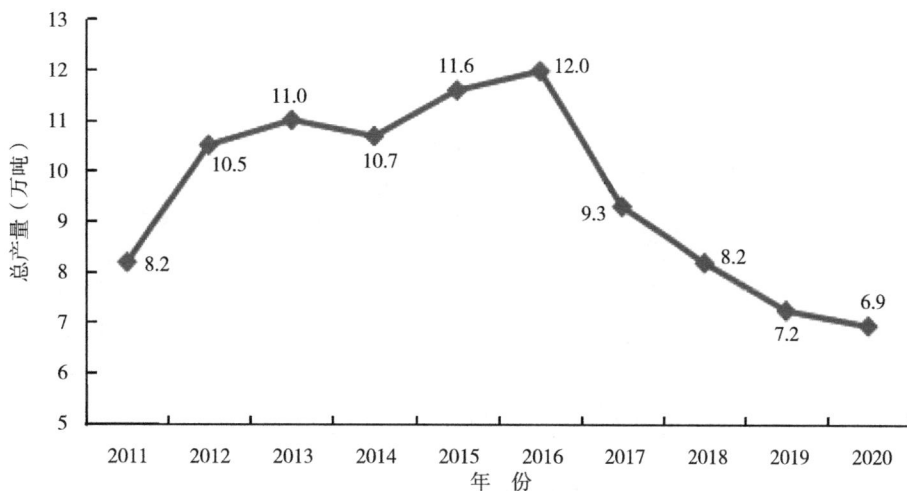

图 9-8 2011—2020 年全国剑麻总产量
数据来源：农业农村部农垦局

（二）贸易情况

据海关统计，2020 年我国进口西沙尔麻等纺织龙舌兰类纤维及其短纤和废麻 44 016 277 千克（图 9-9），同比减少 9.72％；进口金额 6 403.28 万美元，同比减少 14.11％；进口均价为 1.45 美元/千克，同比减少 4.92％。其中，从巴西进口 21 027 995 千克、马达加斯加 1 351 896 千克，坦桑尼亚 17 070 510 千克、肯尼亚 4 095 700 千克，分别占总进口量的 47.77％、3.07％、38.78％和 9.30％（图 9-10）。从巴西、马达加斯加、坦桑尼亚和肯尼亚的进口量分别同比减少 6.49％、24.65％、11.97％和10.30％。2020 年我国出口日本、意大利和新西兰的剑麻类纤维及其短纤和废麻分别为 20.18 吨、0.09 吨和 0.26 吨，出口金额分别为 4.22 万美元、2 110 美元和 1 386 美元。

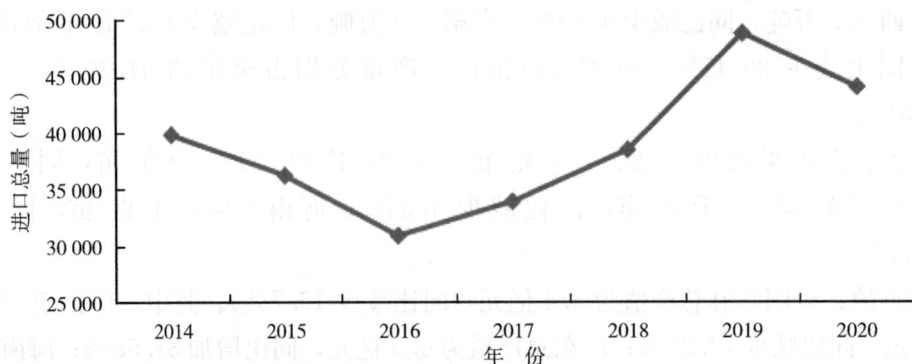

图 9-9 2014—2020 年我国剑麻纤维进口总量变化情况
数据来源：海关总署

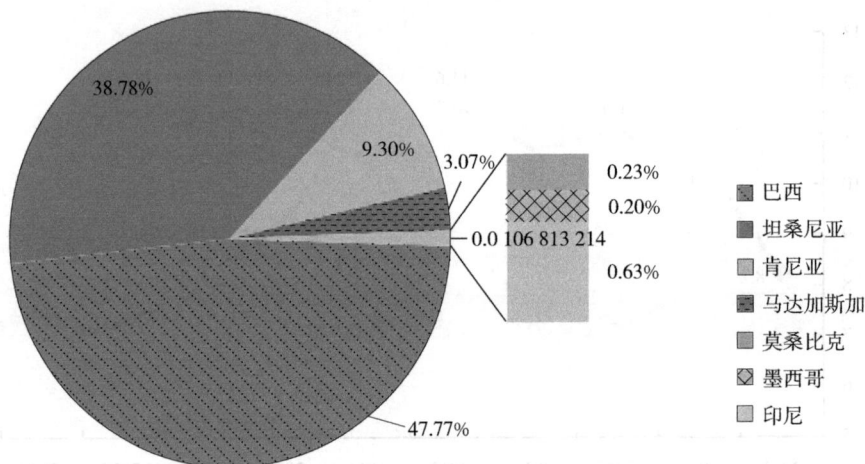

图 9-10 2020 年我国从其他国家进口剑麻纤维的情况
数据来源：海关总署

（三）价格情况

2020 年，国际市场剑麻纤维供需缺口仍然较大，剑麻的市场需求一直保持较旺盛的态势，特别是优质的剑麻纤维。对广西和广东剑麻种植场进行定点跟踪调研结果显示，2020 年广东和广西地头剑麻纤维均价（鲜叶折算价，干纤维抽出率按鲜叶4.5％计）为 10 元/千克；广西大机烘干的剑麻纤维价格在 12～14 元/千克，小机晒干的剑麻纤维价格在 6.5～8 元/千克；广东的一刀麻纤维价格（鲜叶折算价）最低，为 4.44 元/千克，二刀麻纤维价格为 6 元/千克，三刀麻纤维价格为 8 元/千克，四刀及以上麻纤维价格为 10 元/千克。

（四）加工情况

剑麻加工企业主要集中在广西、广东和江苏等省（自治区），其中广西的剑麻加工企业主要在南宁，广东的剑麻加工企业主要在佛山、东莞、湛江、清远，江苏的剑麻加工企业主要在淮安、南通、无锡，在其他如山东滨州、临沂等地也有分布。据调查，加工企业已形成超过7万吨剑麻纤维的年加工能力，主要产品有白棕绳、剑麻纱条、剑麻地毯、剑麻抛光布、门口垫、絮垫、工艺品、墙纸、剑麻钢丝绳芯和化工品等20个系列500多个品种。据不完全统计，2020年主要产品的生产量：剑麻地毯约350万米^2，麻布约18 000吨，纱线约9 000吨，钢丝绳芯约4 000吨。剑麻产品主要品牌有广西剑麻集团有限公司的"桂垦""剑王"和"东剑"，广东省东方剑麻集团有限公司的"太阳"和"东成"，广东琅日特种纤维制品有限公司的"琅日""琅美"和"TFC"。

（五）科研进展

1. 育种方面

筛选到7份对烟草疫霉高度抗病的种质；筛选到饲纤双优种质2份，创制出高纤维率、低木质素含量优良品系1个；完成了9个组合的有性杂交，新建抗紫色卷叶病杂交后代群体1个，获得剑麻紫色卷叶病外源抗虫转化植株10株。

2. 病虫害研究方面

初步研究了剑麻紫色卷叶病-植原体-新菠萝灰粉蚧三者之间的关系，首次确定植原体为剑麻紫色卷叶病病原，新菠萝灰粉蚧为其传播媒介，并建立了剑麻紫色卷叶病相关植原体单管巢式PCR检测技术体系。

3. 项目成果方面

"剑麻高产养分管理基础及配套栽培技术研究"项目获得中国热带农业科学院科学技术奖（科技创新）二等奖；涉及剑麻的农业行业标准有4项，分别为《剑麻织物 物理性能试样的选取和裁剪》（NY/T 249）、《剑麻纤维制品 水溶酸和盐含量的测定》（NY/T 3605）、《剑麻纱线线密度的测定》（NY/T 246）和《热带作物品种试验技术规程 第14部分：剑麻》（NY/T 2668.14）；涉及剑麻的专利有56项，主要包括剑麻栽培、副产物综合利用、麻叶采收和深加工装置等的相关技术、方法。

（六）主产区产业动态

广西剑麻集团强化自有种植基地，与旺茂、五星等具备条件的农场互惠合作，通过优化"公司＋基地＋农户"模式，建立健全剑麻保障收购机制，辐射带动周边地方农户种植，开辟国内种植基地10万亩；在国外推广以种植技术指导与原料回购为主的合作模式，加强在东盟国家和非洲国家的基地建设，谋划布局海外10万亩基地，到2022年，实现国内、国外"双10万亩"种植目标。其与华南理工大学科研团队合作，推进特种纸浆厂建设，研发钞票用纸等特种纸浆，到2020年建成首期2万吨生产线并投入生产，当年投入生产1万吨左右，2022年建成二期5万吨生产线，项目建成后预计新增销售收入 16 亿元左右。

广东省东方剑麻集团大力推进规模化、标准化剑麻基地建设，剑麻种植呈现恢复性增长，种植面积 5.2 万亩，同比增长 31.58%，投产面积 3.1 万亩，剑麻纤维产量 4 078 吨；加快推进剑麻产业园建设，加快剑麻制品新产品开发，提升优化剑麻制品；投入 1.05 亿元对现有落后的生产设备进行改造和提升，提高工厂生产能力和产品质量，推进产业转型升级。

三、我国剑麻产业效益分析

从剑麻亩投入变动情况来看，2020 年剑麻亩投入 2 787 元（表 9-1），同比增长 0.14%，主要原因是劳动力价格仍然处在高位，割麻成本占总成本比例高达 40%。调研数据显示，广西和广东剑麻主产区平均劳动力投入占生产总成本的 76.20%。2020 年，剑麻平均亩产值 4 759 元，与 2019 年相比略微下降，亩投入水平达到历史新高。

表 9-1　2014—2020 年剑麻产出投入情况

年份	投入（元/亩）	产值（元/亩）	产出投入比（%）
2014	2 136	4 210	197.10
2015	2 269	4 357	192.02
2016	2 474	4 739	191.55
2017	2 455	5 045	205.50
2018	2 514	4 879	194.07
2019	2 783	4 868	174.92
2020	2 787	4 759	170.76

四、我国剑麻产业前景分析

（一）生产预期

剑麻属多年生热带作物，产地主要分布在南北纬 30°之间的部分地区，具有较强的地域约束。我国适宜种植剑麻的土地面积有 50 多万公顷，主要分布在广东雷州半岛、海南、广西南部和福建西北部，这些区域经济欠发达，农业开发程度低，许多区域尚处在待开发状态，现有种植面积仅占可利用面积的 3% 左右，发展潜力巨大。

此外，广西剑麻集团、广东省东方剑麻集团计划采取系列措施稳定产业发展，2021 年全国种植面积总体保持相对稳定可能性较大。加之大部分剑麻园主要由农场管理，生产水平比较高，预计 2021 年剑麻纤维单产稳定在 300 千克左右，剑麻总产量也将保持相对稳定。

（二）市场前景分析

剑麻产品特色鲜明。剑麻纤维具有坚韧耐磨、质地刚柔、富有弹性、低温下不会硬化脆断、不霉变、耐腐蚀、无毒、无过敏、无污染、防静电等特点，可广泛应用于纺织、航运、电梯、工矿、物流运输、新型材料等多个领域，而麻渣、麻汁等副产物则可作为生物质资源和生物制药原料，应用前景广阔。全球绿色发展理念深入人心，将推动剑麻纤维等可再生资源消费需求上涨，我国剑麻产业将迎来更加广阔的市场空间和发展前景。目前，世界每年对剑麻纤维的需求量约为40万吨，而剑麻纤维年产量约20万吨，随着纤维新产品的研发，加之国外剑麻种植规模减小，供需缺口将会越来越大，剑麻原料和制品需求将呈增长趋势，预计剑麻消费将小幅增长，2021年剑麻纤维平均价格将保持基本稳定，市场前景可期。

（三）竞争力分析

自20世纪60年代初引进种植剑麻以来，剑麻生产就一直以农垦系统为主，农场主要为规模化种植，农场周边农户零散种植。得益于农垦制度的优势，我国剑麻栽培技术一直处于世界领先水平，平均亩产是世界平均的3倍以上，现在规模种植平均亩产干纤维达300千克，剑麻纤维质量好，在国际竞争中颇具优势。

五、我国剑麻产业存在的主要问题和瓶颈

（一）病虫害频发，严重威胁剑麻生产

我国剑麻当家品种长期以H.11648为主，经过几十年的种植，H.11648退化严重，病虫害频发，除传统的剑麻斑马纹病和茎腐病两大病害外，剑麻紫色卷叶病和新菠萝灰粉蚧防治的难度较大，虽然这2年确定了紫色卷叶病病原为植原体，但是植原体病害防治复杂，目前还没有防治紫色卷叶病的特效药。频发的病虫害易造成麻田大量缺株，产量大幅降低，甚至完全失收，使产业面临严重威胁。

（二）采收机械缺乏，采收成本高企

剑麻叶每年割1次，割叶占用大量劳动力，缺乏采收机械，随着老龄化和城镇化的加剧，劳动力成本不断上升，割麻工人愈发难找，目前割麻成本已经占种植成本的40%，割麻也成为困扰剑麻产业持续发展的瓶颈。

（三）综合利用率低，新产品研发滞后

除了5%的纤维抽出率外，剑麻95%均为废弃物，综合利用率低，产业效益亟待进一步提高。我国剑麻产业发展以纤维产品生产和加工为主，剑麻初加工设备较为陈旧，纤维含杂率高、环头麻问题突出，严重限制了其在高端产品上的应用，低端产品同质化严重，供应市场基本饱和，而高端产品缺乏，加之剑麻制品公司研发力量缺

乏，对研发重视不够，新产品研发滞后，产业发展新亮点尚待挖掘。

（四）剑麻产业发展空间备受挤压

剑麻产业发展空间备受环保问题和工业园区发展的挤压。首先，剑麻企业加工水平滞后，缺乏相应的环保设施设备，多次被环保督察，停工停产，产业损失巨大，发展受限；其次，由于工业园区投资周期较短、回报率高，因而广西大部分剑麻农场争先恐后地发展工业园区，严重挤压了剑麻产业的发展空间。

六、对策建议

（一）加强产学研联合，推进科技创新

以剑麻产业升级和可持续发展为导向，加大科技投入，充分利用中国热带农业科学院的科技优势和国家麻类产业技术体系平台，加强产学研联合，针对剑麻产业升级关键技术问题开展协同创新和推广，增强科技支撑能力。一是加大高产抗病新品种的选育和推广力度；二是加快剑麻采收机械的研制；三是加大纤维新产品研发力度，深入推进麻汁、麻渣综合利用，开发果胶、皂素等副产品，提高剑麻产业的经济效益。

（二）优化产品区域布局，推动产业可持续发展

推动剑麻生产向优势区域集中，以标准化生产示范园推进特色产业带建设，打造剑麻龙头企业，更新设备，优化产能，在每个产业带配套建设剑麻产品加工基地，推进剑麻产业供给侧结构性改革，引导产业健康持续发展。

（三）融入乡村振兴战略实施，拓展产业发展空间

建议剑麻主产区政府以产业兴旺为抓手，加大招商引资力度，大力扶持建设剑麻特色农业基地，加强剑麻农民合作社和龙头企业的培育与引进，发挥其对产业发展的组织和带动作用，与农户构建稳定紧密的利益联结机制。探索"公司＋基地（合作社）＋农户"发展模式，构建企业、合作社、农户等多元主体共同参与的发展格局，大力拓展剑麻产业发展空间。

（四）加大剑麻产业扶持力度，推动企业"走出去"

建议剑麻主产区政府加大对产业的扶持力度，协调金融部门，切实解决企业、农户融资贷款难问题，建立灵活多样的保险机制，设立政策性保险补贴和灾害保险补偿金，为剑麻产业健康发展保驾护航。此外，鼓励我国剑麻企业抓住机遇，实施"走出去"战略，充分利用国内外资源，通过多种方式拓展境外剑麻产业发展空间，推动产业发展。

第十章

2021年剑麻产业发展报告

2021年中国剑麻纤维价格稳定，纤维进口量增长9.75%，然而种植面积和产量均呈下降趋势，主要由于栽培品种单一、种植投资周期长、缺乏采收机械、生产成本高、种植环节生产难以满足加工生产需求等。因此，建议通过做好产业发展战略规划、加强科技创新与技术推广、加强剑麻质量标准体系建设、力将剑麻纳入国家南方林木品种名录等措施稳定和加快产业发展。在绿色消费观念深入人心的背景下，剑麻纤维市场需求仍然旺盛，预计2022年剑麻种植面积、产量和纤维价格均保持稳定，市场前景可期。

一、世界剑麻产业概况

(一) 生产情况

据FAO及农业农村部农垦局统计数据，2020年，世界剑麻收获面积370.6万亩，比2019年减少1.06%；纤维产量26.5万吨，与2019年持平。前十大生产国为巴西、中国、坦桑尼亚、肯尼亚、海地、马达加斯加、墨西哥、摩洛哥、埃塞俄比亚和莫桑比克（图10-1、图10-2）。其中，巴西收获面积148.52万亩、纤维产量8.61万吨，中国收获面积23.66万亩、纤维产量6.93万吨，坦桑尼亚收获面积

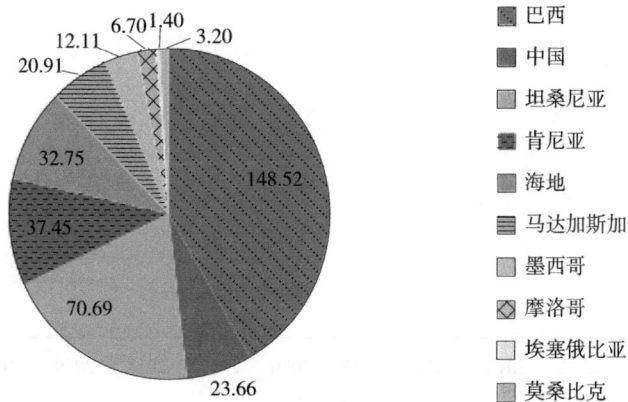

图10-1 2020年前十大剑麻生产国的剑麻收获面积（万亩）情况

数据来源：FAO、农业农村部农垦局

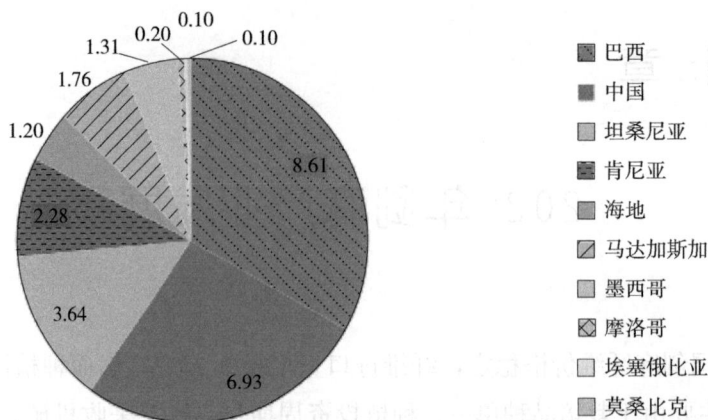

图 10-2 2020 年前十大剑麻生产国的剑麻纤维产量（万吨）情况

数据来源：FAO、农业农村部农垦局

70.69 万亩、纤维产量 3.64 万吨，肯尼亚收获面积 37.45 万亩、纤维产量 2.28 万吨，海地收获面积 32.75 万亩、纤维产量 1.20 万吨，马达加斯加收获面积 20.91 万亩、纤维产量 1.76 万吨，墨西哥收获面积 12.11 万亩、纤维产量 1.31 万吨，摩洛哥收获面积 6.70 万亩、纤维产量 0.20 万吨，莫桑比克收获面积 3.20 万亩、纤维产量 0.10 万吨，埃塞俄比亚收获面积 1.40 万亩、纤维产量 0.10 万吨。前十大剑麻生产国的总收获面积和纤维产量分别占世界的 96.44% 和 98.60%，其中巴西的收获面积和纤维产量分别占世界的 40.08% 和 32.49%。2020 年世界剑麻的平均单产为 59.8 千克/亩，中国剑麻单产为 352.9 千克/亩，是世界单产的 5.9 倍。

2011—2020 年世界剑麻收获面积整体呈下降趋势，由 2011 年的 677.7 万亩下降至 2020 年的 370.6 万亩，年均降幅为 6.49%。世界剑麻纤维产量由 2011 年的 47.5 万吨下降至 2020 年的 26.5 万吨，年均降幅为 6.28%，下降主要是受干旱和病虫害频发等自然灾害和割麻劳动力短缺等影响（图 10-3）。2011—2020 年世界剑麻生产指数整体呈下

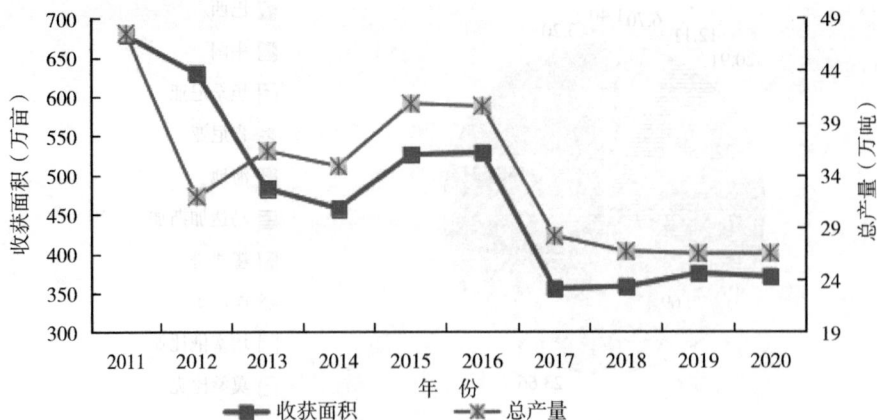

图 10-3 2011—2020 年世界剑麻收获面积和纤维总产量变化情况

数据来源：FAO、农业农村部农垦局

降趋势，2011年世界剑麻总产量生产指数最高为147.8，2017—2020年呈平稳态势，世界剑麻总产量和人均产量生产指数稳定在66~71的区间（图10-4）。

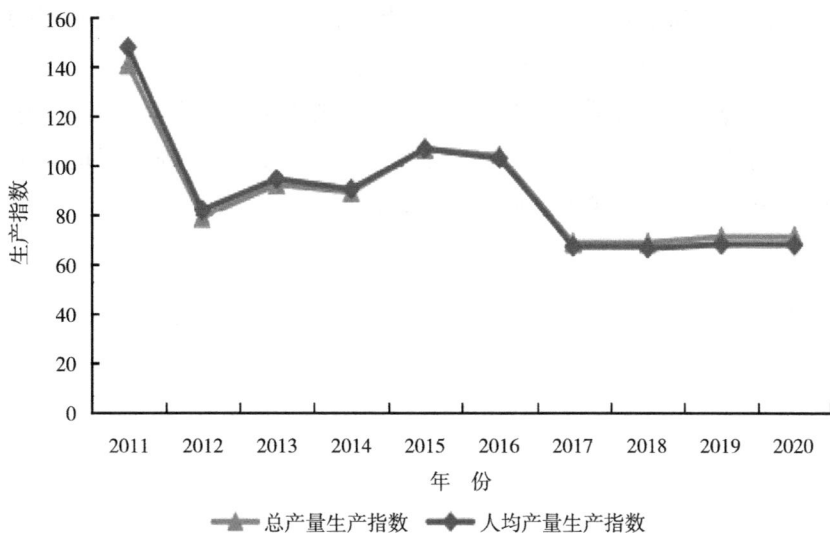

图 10-4　2011—2020年世界剑麻生产指数

数据来源：FAO

（二）贸易情况

据巴西农业部估算，2021年世界剑麻纤维贸易量11.2万吨，贸易额16.3亿美元。巴西、坦桑尼亚和肯尼亚是生产大国也是主要出口国，其中巴西的剑麻纤维出口量占世界总出口量的50%以上（图10-5），中国是最主要的剑麻纤维进口国之一。

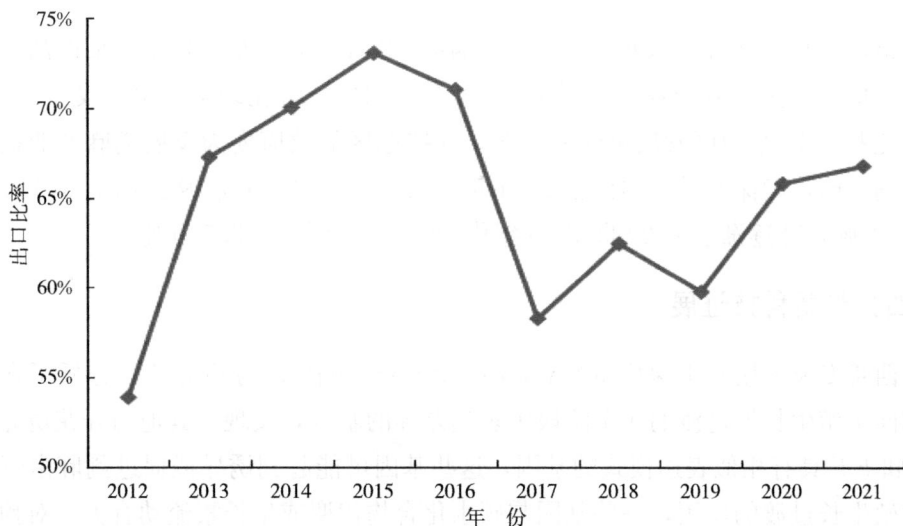

图 10-5　2012—2021年巴西剑麻出口比重变动情况

数据来源：巴西农业部

基于巴西剑麻纤维在国际剑麻纤维贸易中举足轻重的地位，巴西剑麻纤维离岸价变化基本代表了国际剑麻纤维的价格走势（图 10-6）。由于剑麻纤维价格向好，2012—2021 年剑麻纤维离岸价整体呈上升趋势，2012—2015 年离岸价快速增长，年均增速达 17.90%，至 2015 年巴西纤维离岸价达 1 541.8 美元/吨；2016 年小幅回落至 1 471.8 美元/吨，同比下降 4.54%；2017 年小幅回升至 1 567.1 美元/吨，同比增长 6.48%；而后持续小幅回落，2020 年回落至 1 486.8 美元/吨，年均降幅 1.74%；2021 年小幅回升至 1 558.1 美元/吨，同比增长 4.80%。

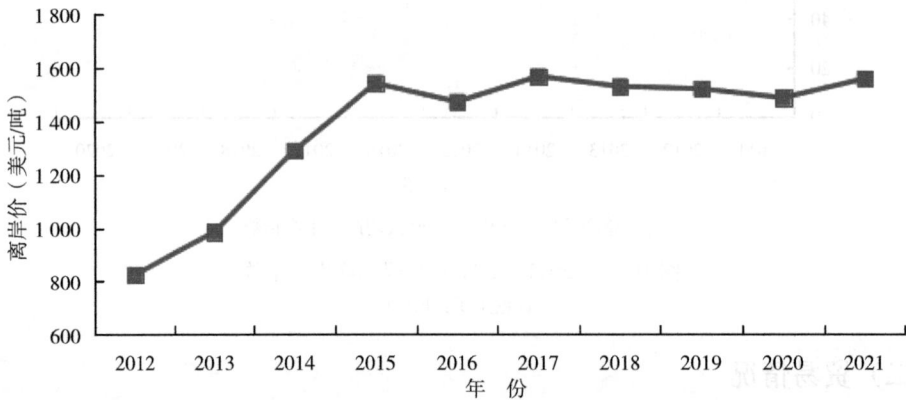

图 10-6　2012—2021 年巴西剑麻纤维离岸价情况
数据来源：巴西农业部

（三）主要国家产业扶持政策

坦桑尼亚政府已将剑麻列入和茶叶、烟草、咖啡、油棕榈等同等重要的战略农产品行列，拟定重振剑麻产业 5 年计划（2020—2024），将在坦噶、莫罗戈罗、滨海、乞力马扎罗等 12 个地区发展剑麻种植业，这些地区的政府要为发展剑麻产业提供必要的便利措施，确保产量。预计至 2024 年坦桑尼亚剑麻产量将从当前的 3.6 万吨提升至 12 万吨，并逐渐赶上 20 世纪 60 年代的水平（年产约 23.5 万吨）。

（四）最新科技进展

墨西哥专家采用基于深度 RNA 测序（RNA－seq）的分析方法，分析了在营养生长期向生殖生长期过渡的 4 个阶段中表达差异的基因，发现了其他与开花诱导基因 SOC1 和 *FT* 具有相似表达模式的基因，这些基因可能起到诱导或促进剑麻由营养生长向生殖生长过渡的作用，一些基因与碳水化合物代谢或生长素流动有关，对预测和控制开花时间、提高剑麻产量具有重要意义。此外，还在剑麻中发现了几个参与生殖调控的果聚糖基因，开发了一种使用珠芽作为外植体通过农杆菌介导的剑麻遗传转化体系。

二、我国剑麻产业基本情况

(一) 生产情况

1. 种植及收获面积

2021年我国剑麻种植面积22.4万亩 (图10-7),同比减少17.95%。其中,广西17.1万亩,广东5.2万亩,海南0.1万亩,分别占全国总种植面积的76.34%、23.21%和0.45%。全国收获面积19.6万亩,广西、广东和海南分别为15.5万亩、4.0万亩和0.1万亩。

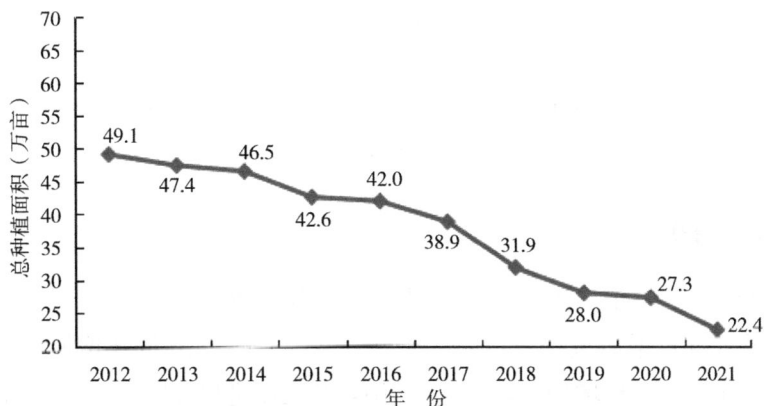

图10-7 2012—2021年全国剑麻总种植面积

数据来源:农业农村部农垦局

2. 总产量、单产及总产值

总产量: 2021年,全国剑麻总产量为6.0万吨 (图10-8),同比减少13.04%。其中,广西5.3万吨,同比减少16.46%;广东0.64万吨,同比增长56.45%;海南0.02万吨,同比减少90.77%。三省 (自治区) 产量分别占全国总产量的88.33%、10.67%和0.33%。

单产: 全国平均单产304.7千克/亩。其中,广西342.0千克/亩,同比增长6.28%;广东159.5千克/亩,同比增长20.83%;海南200.0千克/亩,同比减少1.96%。

总产值: 全国剑麻总产值为6.3亿元,同比增长16.74%。其中,广西总产值为5.47亿元,同比增长14.83%;广东总产值为0.82亿元,同比增长61.41%;海南总产值为0.01亿元,同比减少90.77%。三省 (自治区) 产值分别占全国的86.83%、13.02%和0.16%。

3. 主栽品种

剑麻品种很多,但是生产上主栽品种只有H.11648 1种。H.11648适应能力强,纤维产量高,丰产性能好,叶片刚直、密生,叶片颜色为蓝绿色,叶缘无刺,生命

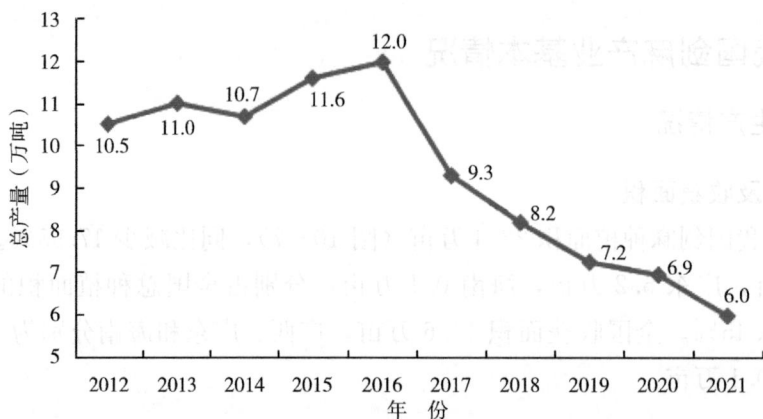

图 10-8　2012—2021 年全国剑麻总产量
数据来源：农业农村部农垦局

周期 10～13 年，单株周期产叶 550～660 片，年长叶片 50～70 片，纤维率 5％，纤维较细，洁白有光泽，束纤维拉力 80～84 千克/克·30 厘米。

（二）贸易情况

据海关统计，2021 年，我国进口西沙尔麻等纺织龙舌兰类纤维及其短纤和废麻 48 309 706 千克，同比增加 9.75％；进口金额 7 528.4 万美元，同比增加 17.57％；进口均价 1.6 美元/千克，同比增加 10.34％。其中，从巴西进口 22 936 810 千克，坦桑尼亚 20 323 730 千克，肯尼亚 2 708 300 千克，马达加斯加 1 560 706 千克，分别占总进口量的 47.48％、42.07％、5.61％和 3.23％。从巴西、坦桑尼亚和马达加斯加进口的量同比分别增加 9.08％、19.06％和 15.45％，而肯尼亚进口量同比减少 33.87％（图 10-9、

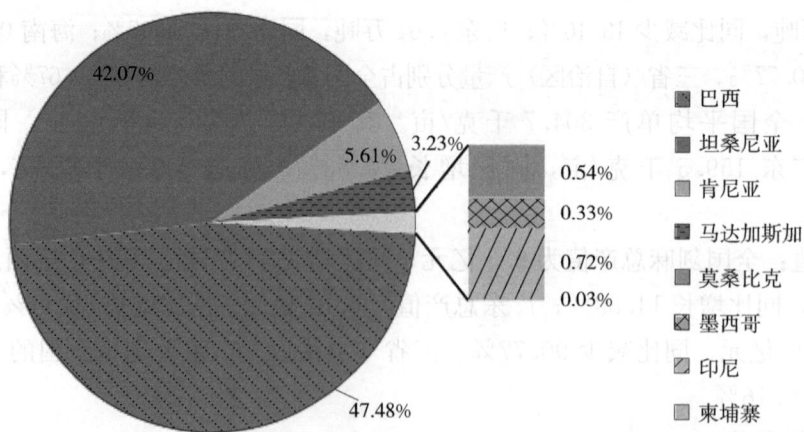

图 10-9　2021 年我国从剑麻纤维主要生产国进口剑麻纤维量的情况
数据来源：海关总署

图 10 - 10），原因在于肯尼亚遭遇大干旱致使剑麻纤维产量锐减。2021 年，中国出口日本和菲律宾的剑麻类纤维及其短纤和废麻分别为 32.9 吨和 14.3 吨，出口金额分别为 7.0 万美元和 1.9 万美元。

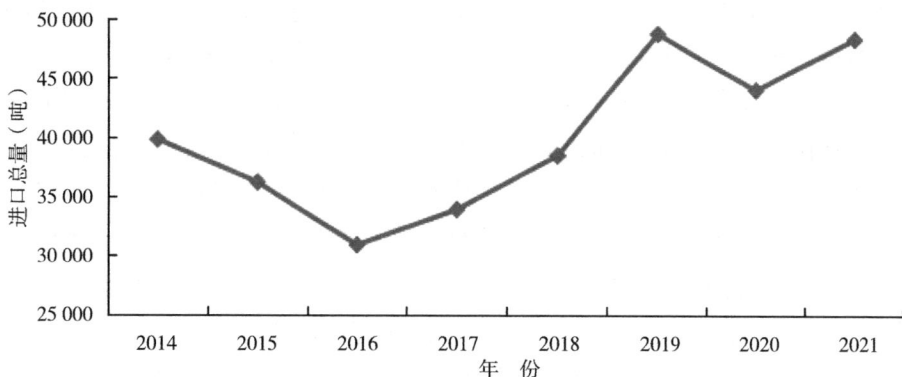

图 10 - 10 2014—2021 年中国剑麻纤维进口总量变化情况

数据来源：海关总署

（三）价格情况

2021 年，国际市场对于优质剑麻纤维的需求旺盛，供需缺口仍然较大。对广西和广东剑麻种植场进行定点跟踪调研结果显示，2021 年广东和广西地头剑麻纤维均价（鲜叶折算价，干纤维抽出率按鲜叶 4.5% 计）为 10 元/千克；广西大机烘干的剑麻纤维价格在 13～14 元/千克，小机晒干的剑麻纤维价格在 7～9 元/千克；广东的一刀麻纤维价格（鲜叶折算价）最低，为 4.4 元/千克，二刀麻纤维价格为 6.0 元/千克，三刀麻纤维价格为 8.0 元/千克，四刀及以上麻纤维价格为 10.0 元/千克。

（四）消费及加工情况

作为纤维材料，剑麻白棕绳和剑麻布等广泛应用于渔业、航海、工矿、运输、石油等行业。近十年来，利用剑麻纤维所特有的天然环保、阻燃、无静电、防蛀等特性制造的剑麻地毯、内墙装饰、衬垫等，也越来越受到人们的青睐。

作为复合材料，剑麻纤维表面具有一定的羟基基团，容易与高分子聚合物发生共聚形成复合材料，应用于增强聚合物基复合材料，具有韧性好、重量轻、隔热性好等优点，主要用于门板、轿车衬里、扶手等部件的加强筋。此外，剑麻纤维通过一定的改性，在摩擦材料中得到广泛应用。

提升剑麻纤维副产物价值的加工应用得到一定发展。作为天然产物原料，可从剑麻纤维中提取食品添加剂，如剑麻果胶、皂素等，并用剑麻皂素合成具有抗癌活性的衍生物。在生物工程上，利用剑麻组织和细胞培养诱导蛋白酶。

剑麻加工产品结构发生较大变化，剑麻深加工产品比重明显加大。近十年来，中国剑麻产品由单一的剑麻绳索为主转为以细纱、剑麻布为主，产品附加值得到进一步提高。此外，剑麻也应用于几百种产品的加工，包括剑麻手工艺品、帆布，不漏水的织物、汽车轮胎芯、钢丝绳芯、传送带和保护网等。目前，剑麻产品正在向高端市场转移，剑麻特种纸浆、剑麻地毯等高附加值产品的生产规模越来越大。

剑麻加工企业主要集中在广西、广东和江苏等省（自治区），其中广西的剑麻加工产业主要在南宁，广东的剑麻加工企业主要在佛山、东莞、湛江、清远，江苏的剑麻加工企业主要在淮安、南通、无锡，在其他如山东滨州、临沂等地也有分布。据调查，加工企业已形成超过 7 万吨剑麻纤维的年加工能力，主要产品有白棕绳、剑麻纱条、剑麻地毯、剑麻抛光布、门口垫、絮垫、工艺品、墙纸、剑麻钢丝绳芯和化工品等 20 个系列 500 多个品种。剑麻产品主要的品牌有广西剑麻集团有限公司的"桂垦""剑王"和"东剑"，广东省东方剑麻集团有限公司的"太阳"和"东成"，广东琅日特种纤维制品有限公司的"琅日""琅美"和"TFC"。

（五）成本收益情况

从剑麻亩投入变动情况来看，2021 年剑麻亩投入 2 795 元，同比增长 0.29%，主要原因是劳动力价格仍然处在高位，割麻成本占总成本比例高达 40%。调研数据显示，广西和广东剑麻主产区平均劳动力投入占生产总成本的 75.60%。2021 年，剑麻平均亩产值 4 862 元，与 2020 年相比略微上升，亩投入水平达到历史新高（表 10 - 1）。

表 10 - 1　2014—2021 年剑麻产出投入情况

年份	投入（元/亩）	产值（元/亩）	产出投入比（%）
2014	2 136	4 210	197.10
2015	2 269	4 357	192.02
2016	2 474	4 739	191.55
2017	2 455	5 045	205.50
2018	2 514	4 879	194.07
2019	2 783	4 868	174.92
2020	2 787	4 759	170.76
2021	2 795	4 862	173.95

（六）主产区产业扶持政策

广西剑麻集团优化"公司＋基地＋农户"模式，与旺茂、五星等具备条件的农场或公司互惠合作，健全剑麻保障收购机制，激励周边地方农户种植剑麻；"产业上山"升级发展。广西平果市计划将剑麻纳入平果市发展壮大村级集体经济产业，预计后期会有贷款优惠、以奖代补等政策的扶持。

广东湛江农垦集团通过申请财政项目和银行贷款等方式支持东方剑麻集团、东方红农场、幸福农场、火炬农场和金星农场等推进剑麻基地规模化和标准化建设，剑麻种植呈现稳定性发展，现有种植面积5万亩，投产收获面积3.3万亩，产叶片13万吨，产纸纤维0.5万吨；加快推进剑麻产业园建设，加快剑麻制品新产品开发，提升优化剑麻制品，加工各种剑麻制品约3.5万吨。

（七）科技成果及转化情况

1. 成果奖励

广西壮族自治区亚热带作物研究所的"剑麻商品化加工提质增效关键技术创新与应用"项目获广西农业科学院科学技术奖科技进步奖三等奖。

2. 发布标准

国家市场监督管理总局发布国家标准《剑麻钢丝绳芯》（GB/T 15030）；广西肥料协会发布团体标准《剑麻化肥施用限量》（T/GXAF 0005）。

3. 专利授权

2021年全国共授权剑麻相关发明专利12件，如特异性检测剑麻紫色卷叶病植原体的巢式PCR引物组、试剂盒及检测方法（CN202011226065）、检测剑麻紫色卷叶病植原体的实时荧光定量LAMP引物组及其应用（CN202011226064.5）、山地剑麻埋秆换行种植方法（CN201910449916.8），其中科研院所5件、企业6件、院校1件。实用新型专利26件，如一种剑麻叶收割装置（CN202121795990.4）、一种便携式剑麻钻心器（CN202120633259.5）、一种剑麻用刮麻装置（CN202121029902），其中科研院所2件、企业21件、院校2件、其他1件。

三、我国剑麻产业发展特点

（一）栽培区域比较集中，集约化程度较高

我国剑麻主要分布在广西、广东、海南，其中主产区广西、广东的剑麻种植面积和纤维产量分别占全国的97.10%和96.70%。广东和广西植区大面积麻田从种植到收获已初步实现机械化。

（二）栽培技术先进，产量稳步增长

通过多年的生产实践，我国已摸索出实现剑麻高产稳产的栽培技术措施，并制定了剑麻栽培技术规程，通过剑麻种植业标准化实施，我国剑麻大面积种植平均单产可达3000千克/公顷，居世界最高水平。在世界剑麻面积和产量逐年递减情况下，我国剑麻面积和产量稳步发展。近年来，虽然我国剑麻受到新病害影响，收获面积有所

减少，但是通过采用先进栽培技术，单产逐年提高，产量稳步增长。

（三）剑麻纤维产品较多，产业化经营程度高

我国经过多年的发展，剑麻加工业得到了长足发展，目前开发的产品已有 20 个系列 500 多个品种，在国内外形成了比较固定的销售网络。主产区如广东、广西及海南等省（自治区）已建立起一批剑麻龙头企业，基本实现了以产品为龙头，以市场为导向，产、供、销一条龙的产业化经营模式。如广东省东方剑麻集团、广西剑麻集团实行产加销一条龙、农工贸一体化经营，覆盖了全国 70％的种植户和 90％的产品，初步形成了集约化和规模化经营的格局。

四、我国剑麻产业存在的主要问题

（一）栽培品种单一，新品种选育推广力度不够

目前，我国主产区剑麻主栽品种仍是 H.11648，而该品种除表现一定程度的早衰退化外，正面临新一轮剑麻病害的威胁，每年因病害死亡的剑麻面积达数百公顷，损失严重。种植品种的长期单一及其老化退化、抗病高产新品种培育力度不够，严重地阻碍着剑麻产业的发展和剑麻制品的创新。

（二）种植投资周期长，缺乏采收机械，生产成本高

剑麻经济收益在定植后 3 年左右才能体现，一般在植后 6 年才达到收支平衡，投资周期较长。另外，麻片采收缺乏采收机械（如割麻机械），而目前人工费用高（2021 年人工割麻费涨到 130～140 元/吨），并且难以请到工人割麻，生产成本高。

（三）种植环节生产难以满足加工生产需求

麻片采收用工费用高，在价格低的情况下，麻农一般不去采收，加工企业的原料四季供应得不到保证，导致加工企业不时出现原料短缺问题。

五、我国剑麻产业面临的机遇与挑战

（一）面临的机遇

目前，世界剑麻纤维年总产量为 26.5 万吨，而年需求量约为 60 万吨，因此剑麻是具有广阔发展前景和巨大出口潜力的优势产业。根据国际硬质纤维组织预测，全球剑麻产品消费将以每年 10％～15％的速度增长，因此剑麻是极具广阔发展潜力的朝阳产业。目前我国在大力推动"一带一路"倡议的实施，形成了国际共识和得到了广

泛的支持响应，能够进一步巩固和提升我国与其他共建"一带一路"国家的经贸关系，提高贸易自由化、便利化水平，推动我国优势企业走出去开拓市场，在促进共建国家产业发展的同时，也从要素供给和市场拓展两个方面拓展了我国发展空间，剑麻主产国基本都是共建"一带一路"国家，这为我国剑麻产业发展提供了良好的发展机遇。此外，剑麻纤维可用于制作军用纤维制品，一旦这种特种用途取得突破性进展，并用于大规模的生产，剑麻将迎来历史性发展机遇。

（二）面临的挑战（环保）

然而在面临良好发展机遇的同时，我国剑麻产业也面临严重的挑战。中国剑麻产业发展空间备受环保问题困扰，剑麻企业加工水平滞后，缺乏相应的环保设施设备，多次被环保督察，停工停产，产业损失巨大，发展受限；此外，剑麻一直被列为经济作物，按现规定，属于非粮非林类作物，不能在耕地和林地里种植，生存空间备受挤压。原本热区适种剑麻的土地资源是非常丰富的，但近年来因地方政府有关部门将土地划为耕地和林地，导致剑麻等经济作物无地可种，这将是影响剑麻产业持续发展的严重问题。加上近几年欧美对中国的打压力度越来越大，乌克兰和俄罗斯局势在不断恶化，这很大程度影响我国剑麻产业纤维制品出口。

六、我国剑麻产业发展展望

（一）生产预期

剑麻种植面积和产量均小幅下滑。广西部分麻园剑麻定植于2009—2010年，面临淘汰更新，由于工业园区和高效益经济作物的挤压，加之剑麻病虫害影响，预计2022年剑麻种植面积小幅下滑。而由于大部分剑麻园主要由农场管理，麻园管理水平比较高，预计2022年剑麻纤维单产稳定在310千克左右，从而剑麻总产量仍然保持稳定。

（二）市场前景分析

人们的环保观念随着经济发展和生活水平的提高而不断增强，将拉动剑麻纤维产品消费量。目前全世界每年对剑麻的需求量约为60万吨，而纤维年产量约26.5万吨，且随着纤维新产品的研发，供需缺口将会越来越大。加之剑麻市场潜力大，产业前景向好，在种植面积略减的背景下，预计2022年剑麻纤维平均价格基本稳定。

（三）发展趋势

1. 剑麻精深加工产品多样化

剑麻主要分布在南北回归线之间的部分区域，可种植的土地资源十分有限，资源的有限性和产品的不可替代性使得各国越来越重视剑麻特色产品的开发。随着世界性环保意识的增强，天然纤维的消费已成为时尚，为了迎合不同的消费群体，研究和开发多样性产品是必然选择，现在剑麻制品正朝着精细化方向发展。

2. 剑麻全程作业机械化

随着劳动力成本越来越高，作为劳动密集型的剑麻产业已迎来严峻挑战。研发剑麻从种植到加工的全程机械化设备，推行集约化经营模式，实现全程机械化管理是剑麻产业可持续发展的必由之路。

3. 综合利用技术产业化

剑麻除纤维外，其麻汁和麻渣尚有广泛用途。剑麻综合利用的深入研究和开发，是剑麻产业升级和可持续发展的客观要求。利用高档纤维生产和剑麻产业循环经济的开发与应用进一步延伸剑麻产业链是未来发展的必然趋势。

4. 麻园培育技术高效化

研制不同区域剑麻生长的营养配方是剑麻科学施肥的方向。加强新品种的更新换代、健康种苗繁育、病虫害防治技术的研发和低产麻园的改造将成为下一阶段技术重点。

七、产业发展建议

（一）做好产业发展战略规划

我国热区光温水资源优越，但土地资源十分宝贵。随着工业化进程和一些更高效益的作物竞争，剑麻发展的空间不断缩小，因此必须根据剑麻的特色优势，通过做好产业发展战略规划，优化产品区域布局，充分利用土地资源（包括耕地和非耕地资源、时空资源）打造剑麻特色产业带，寻找剑麻新的发展空间。

建立和完善种植、加工、销售（农工贸）一体化的产业链发展格局。推动剑麻生产向优势区域集中，以标准化生产示范园推进特色产业带建设，打造剑麻龙头企业，对原有的加工厂进行改扩建，按照标准化加工技术规范，在每个产业带配套建设剑麻产品加工工业基地，建立完善的市场服务体系，促进产业升级。

（二）加强科技创新与技术推广

以剑麻产业升级和可持续发展需求为导向，充分利用中国热带农业科学院的科技优势和国家麻类产业技术体系平台，加大投入，加强产、学、研联合，针对剑麻产业升级关键技术问题开展协同创新和协同推广。

以提高剑麻产量和品质，促进剑麻资源的综合利用为重点，深入开展剑麻种质资源收集保存与创新利用、高产抗病多用途新品种培育、健康种苗规模化快繁技术、剑麻高产优质可持续生产技术、高效复合经营模式、剑麻重大病虫草害监测与防控技术、剑麻精深加工及综合利用技术、剑麻生产机械化、智能化、轻简化技术及设备研制等研究，加快科技成果转化。

（三）加强剑麻质量标准体系建设

加强剑麻生产和产品质量标准研究，健全标准体系建设，建立从种植、加工、销售到质量追溯的标准体系，建立质量追溯机制。加强对剑麻行业协会和农民合作组织的扶持，促进市场信息渠道畅通，加强市场监管力度，规范生产经营行为。

当前我国剑麻栽培水平参差不齐，特别是民营植麻区管理水平较低，应加强有关剑麻高产栽培技术标准的宣贯，以农业农村部高产剑麻标准化生产示范园创建为契机，全面推进剑麻标准化种植。

此外，我国剑麻产品市场不规范，加工质量也不稳定，标准化生产和质量监督落实不到位。因此，应建立剑麻行业协会，协助相关部门加强行业自律，在剑麻种植、加工全过程中实施有效的质量监督，贯彻落实标准化生产；依据具体的市场形势，合理协调产品价格；关注并分析国内外剑麻产业形势，在进行战略研究的基础上制定适当的应对策略；统一开展工作，引导企业加强沟通与合作，积极应对国内外市场的变化，增强整个剑麻产业在国际市场上的竞争力，推动产业的整体发展。

（四）努力将剑麻纳入国家南方经济林木品种名录

剑麻光合生物固碳产氧量事实上不比桉树、椰树、松树及普通绿化树种林少。在云南金沙江流域、四川攀枝花地区、广西平果等地，近年剑麻广泛作为经济林规划种植，大面积用于江河堤岸固土和石漠化地区的生态修复和扶贫工程。此外，在城乡绿化中，剑麻也常用于庭院、道路、景观等的绿化和美化。

根据剑麻的生物学特性及其在经济、园林绿化和环保等方面的实际应用价值，及《森林法》中经济林的定义，剑麻完全符合国家经济林品种条件。建议剑麻产业相关单位联合向国家林业和草原局呼吁，将剑麻列入南方经济林木品种目录，允许林地种植剑麻，这对促进环境保护、农民增收和产业可持续发展具有重要意义。

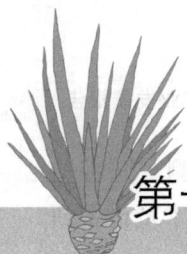

第十一章

2022年剑麻产业发展报告

由于剑麻产业存在品种单一、育种周期长、采收机械缺乏、加工产品和技术更新滞后等问题，2022年中国剑麻种植面积及产量略有下滑。因此，建议通过创新育种技术、加快优异品种的培育速度、加强科技创新、攻克采收机械缺乏的难题、提高剑麻产品多样性、增强市场竞争力等措施，稳定和加快产业发展。在绿色消费观念深入人心的背景下，剑麻纤维市场需求仍然旺盛，2022年纤维进口量增长9.86%，预计2023年剑麻种植面积、产量和纤维价格均保持稳定，市场前景可期。

一、世界剑麻产业概况

(一) 生产情况

2012—2021年世界剑麻收获面积由2012年的658.05万亩下降至2021年的370.3万亩，呈下降趋势，年均降幅为5.72%；而世界剑麻纤维产量则由2012年的41.24万吨下降至2021年的26.6万吨，年均降幅为2.00%（图11-1）。

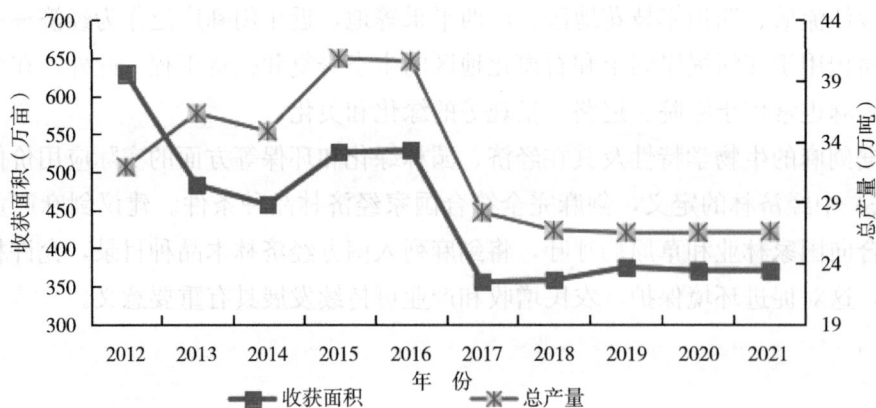

图11-1　2012—2021年世界剑麻收获面积和纤维总产量变化情况

数据来源：FAO、农业农村部农垦局

1. 收获面积

据FAO及农业农村部农垦局统计数据，2021年，世界剑麻收获面积370.3万亩，比2020年减少0.08%；收获面积排名前十的国家分别为巴西、坦桑尼亚、肯尼亚、海地、马达加斯加、中国、墨西哥、摩洛哥、莫桑比克和埃塞俄比亚（图 11-2）。
其中，巴西 150.4 万亩、坦桑尼亚 71.0 万亩、肯尼亚 38.0 万亩、海地 32.0 万亩、
马达加斯加 20.9 万亩、中国 19.6 万亩、墨西哥 13.0 万亩、摩洛哥 6.8 万亩、莫桑
比克 3.1 万亩、埃塞俄比亚 1.5 万亩，前十大剑麻生产国收获面积分别占世界剑麻收
获面积的 40.62%、5.29%、19.17%、10.27%、5.64%、8.64%、3.51%、1.84%、
0.39%和 0.84%。

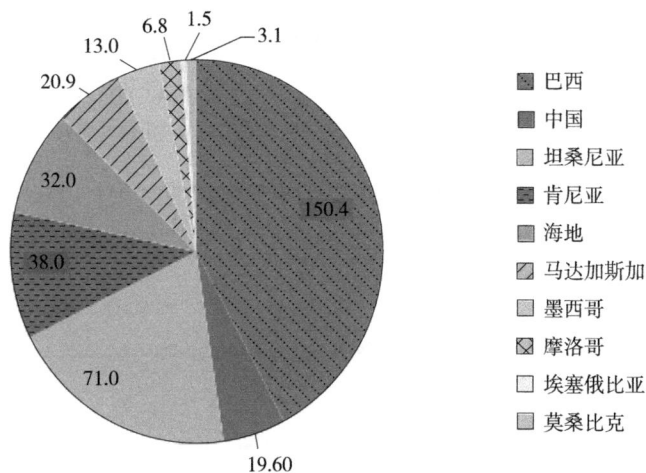

图 11-2　2021 年前十大剑麻生产国的剑麻收获面积（万亩）情况
数据来源：FAO、农业农村部农垦局

2. 产量

2021 年，世界剑麻纤维产量 26.6 万吨，比 2020 年增加 0.38%。前十大生产
国为巴西、中国、坦桑尼亚、肯尼亚、海地、马达加斯加、墨西哥、摩洛哥、埃塞
俄比亚和莫桑比克。其中，巴西 9.84 万吨、中国 5.96 万吨、坦桑尼亚 3.62 万吨、
肯尼亚 2.28 万吨、海地 1.17 万吨、马达加斯加 1.76 万吨、墨西哥 1.09 万吨、摩
洛哥 0.17 万吨、埃塞俄比亚 0.07 万吨和莫桑比克 0.06 万吨（图 11-3）。前十大
剑麻生产国纤维产量分别占世界的 36.99%、22.41%、13.61%、8.57%、
4.40%、6.62%、4.10%、0.64%、0.26%和 0.23%。从图 11-4 可以看出，世
界剑麻生产指数近十年呈先升后降趋势，2017 年的世界剑麻生产量指数最低，其
中人均生产指数为 68.7；2015 年剑麻生产指数最高，其中人均生产指数为 106.8，
2017—2021 年呈平稳态势。

3. 单产

2021 年世界剑麻的平均单产为 71.8 千克/亩，中国剑麻单产 304.1 千克/亩，是
世界单产的 4.2 倍。单产前十的国家或地区有中国、乌干达、委内瑞拉、中国台湾、
马达加斯加、墨西哥、印尼、安哥拉、巴西、肯尼亚，单产分别为 304.1 千克/亩、

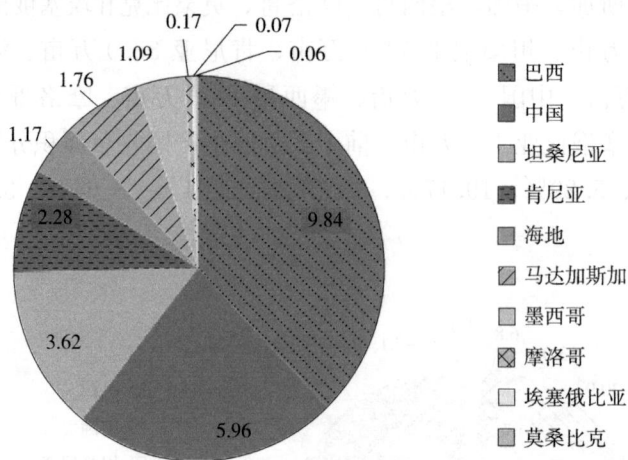

图 11-3　2021年前十大剑麻生产国的纤维产量（万吨）情况

数据来源：FAO、农业农村部农垦局

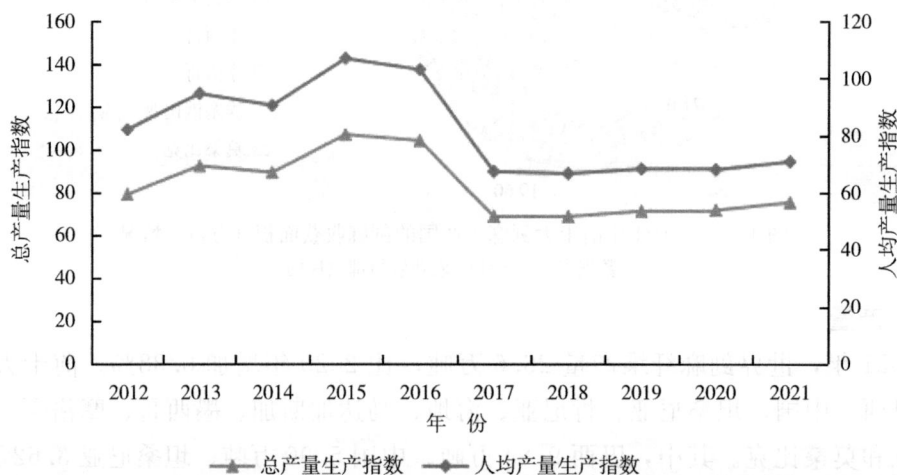

图 11-4　2012—2021年世界剑麻生产指数

数据来源：FAO、农业农村部农垦局

151.59千克/亩、135.49千克/亩、109.2千克/亩、84.1千克/亩、83.8千克/亩、75.1千克/亩、69.5千克/亩、65.4千克/亩和59.9千克/亩。

4. 生产布局

剑麻原产于墨西哥尤卡坦半岛，主要分布在南美洲、非洲和亚洲等地的热带及亚热带地区，主要生产国家有巴西、中国、坦桑尼亚、肯尼亚、墨西哥、马达加斯加、委内瑞拉、海地、多米尼克、几内亚、马拉维、南非、古巴、莫桑比克、埃塞俄比亚、安哥拉、牙买加和印尼等。

（二）贸易情况

2014—2021年世界贸易量整体呈上升趋势，由2014年的1.3万吨升至2021年的4.6万吨，贸易金额7 424.1万美元。

1. 出口情况

2014—2021年世界纤维出口量整体呈上升趋势（图11-5），由2014年的0.7万吨升至2021年的3.1万吨，出口金额4 932.4万美元。

巴西、坦桑尼亚和肯尼亚是生产大国也是主要出口国，其中巴西的剑麻纤维出口量占世界总出口量的50%以上。

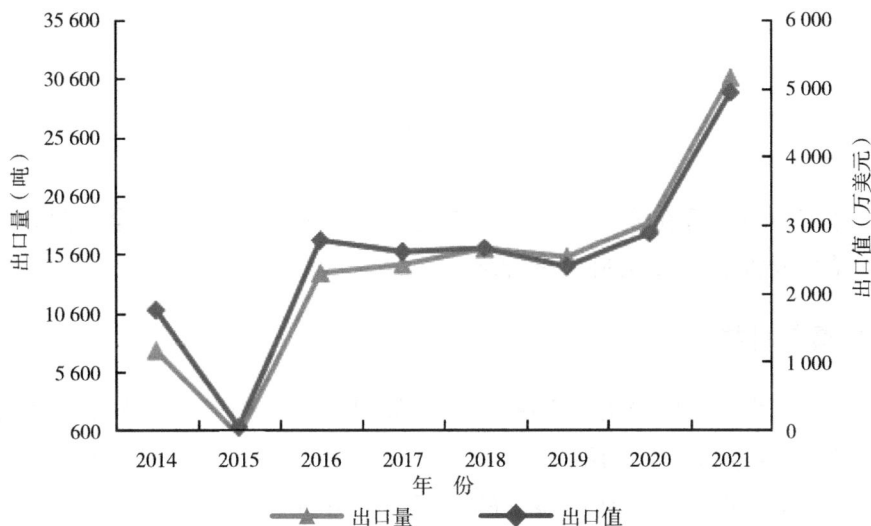

图11-5 2014—2021年世界纤维贸易（出口）
数据来源：FAO

2. 进口情况

据FAO数据，2014—2021年世界纤维进口量整体呈上升趋势（图11-6），2014年世界纤维进口量0.6万吨，2021年世界纤维进口量1.5万吨，进口金额2 491.7万美元。中国是最主要的剑麻纤维进口国之一。

（三）价格情况

2021年，剑麻纤维出口价格为1 591.1美元/吨，进口价格为1 661美元/吨。

（四）主要国家产业扶持政策

坦桑尼亚政府承诺在下一年财政计划拨款10亿坦桑尼亚先令（约合43万美元）用于采购机器，提高剑麻产品质量；并且成立国民服务队（JKT），在坦噶汉德尼区

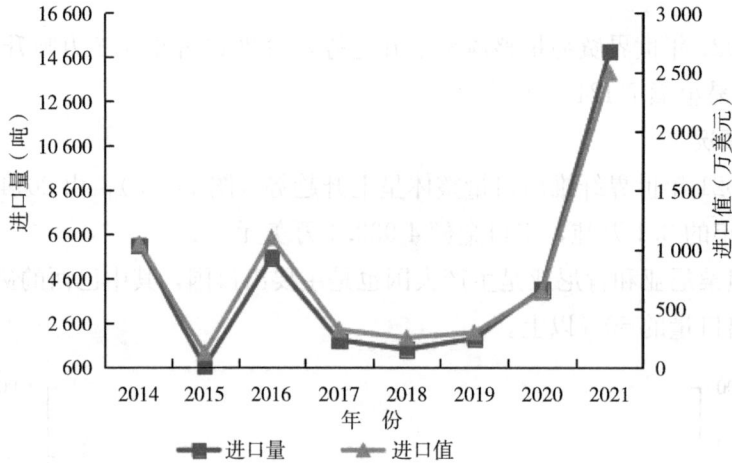

图 11-6　2014—2021 年世界纤维进口贸易
数据来源：FAO

服务剑麻种植项目，旨在实现军队自给自足，并加强国家粮食安全。预计 2022—2025 年坦桑尼亚将生产 12 万吨剑麻纤维。

（五）最新科技进展

美国科学家研究结果表明，剑麻（CAM 物种）和拟南芥（C3 物种）在干旱胁迫下参与 ABA 信号和次生代谢产物生物合成等多种生物过程的基因具有一些共同的转录变化。墨西哥科学家利用酿酒酵母把剑麻叶片粉末通过酶糖化法生产出酒精，这种废弃物的生物转化利用前景广阔。墨西哥科学家利用潮汐生物反应器快繁剑麻，效率高，每个外植体可获得 29.60 个芽，平均芽长 2.01 厘米，是大规模扩繁的理想选择。

二、我国剑麻产业基本情况

（一）生产情况

2013—2022 年中国剑麻种植面积及产量整体呈明显下降的趋势，近两年产业发展平稳，单产仍然处在高位并略有增长。

1. 种植及收获面积

2022 年中国剑麻种植面积 22.0 万亩（图 11-7），同比减少 1.79%。其中，广西 17.5 万亩，广东 4.5 万亩，分别占全国总种植面积的 79.55% 和 20.45%。全国收获面积 19.4 万亩，广西和广东分别为 16.1 万亩和 3.3 万亩。

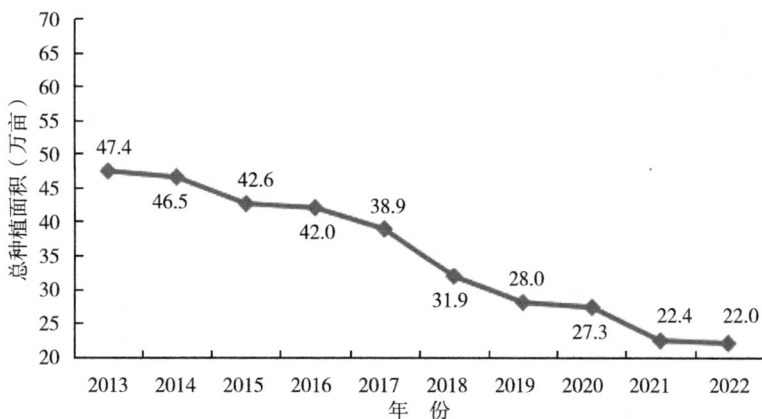

图 11-7 2013—2022 年全国剑麻总种植面积

数据来源：农业农村部农垦局

2. 总产量、单产及总产值

总产量：2022 年，全国剑麻总产量为 5.91 万吨（图 11-8），同比减少 0.84%。其中，广西 5.40 万吨，同比增长 1.89%；广东 0.51 万吨，同比减少 20.31%；两省（自治区）产量分别占全国的 91.37% 和 8.63%。

单产：全国平均单产 305.2 千克/亩。其中，广西 334.4 千克/亩，同比减少 2.22%；广东 164.1 千克/亩，同比增长 2.88%。

总产值：全国剑麻总产值为 6.1 亿元，同比减少 3.17%。其中，广西总产值为 5.36 亿元，同比减少 2.01%；广东总产值为 0.74 亿元，同比减少 9.76%；两省（自治区）产值分别占全国的 87.87% 和 12.13%。

图 11-8 2013—2022 年全国剑麻总产量变化情况

数据来源：农业农村部农垦局

3. 主栽品种及品种结构

剑麻的主栽品种为 H. 11648，该品种适应能力强，纤维产量高，丰产性能好，叶片刚直、密生，叶片颜色为蓝绿，叶缘无刺，生命周期 10~13 年，单株周期产叶

123

550～660 片，年长叶片 50～70 片，纤维率 5％，纤维较细，洁白有光泽，束纤维拉力 80～84 千克/克 . 30 厘米。种植已有 70 年，主栽品种结构单一，虽然剑麻也有很多品种，比如南亚 1 号、南亚 2 号、桂麻 1 号和热麻 1 号，但尚不能担主栽品种的大任。

（二）贸易情况

2014—2022 年中国纤维贸易量整体呈上升趋势，2014—2016 年呈下降趋势，2016—2022 年呈明显的上升趋势（除了 2020 年受突发的新冠疫情的影响下降外）。

1. 进口

据海关统计，2022 年，我国进口西沙尔麻等纺织龙舌兰类纤维及其短纤和废麻 53 073 893 千克，同比增加 10.42％；进口金额 8 717.6 万美元，同比增加 15.80％；进口均价 1.6 美元/千克，与去年持平。其中，从巴西进口 29 720 190 千克，坦桑尼亚 17 507 022 千克，肯尼亚 2 502 900 千克，马达加斯加 2 204 446 千克，分别占总进口量的 56.00％、33.10％、4.72％和 4.15％。从巴西和马达加斯加进口的量同比分别增加 29.57％和 41.25％，而从坦桑尼亚和肯尼亚进口量同比减少 13.56％和 7.58％（图 11-9、图 11-10）。

2. 出口

2022 年，中国出口西沙尔麻等纺织龙舌兰类纤维及其短纤和废麻 223.62 吨，同比增长 374.25％；出口金额 46.2 万美元，同比增长 422.67％；出口均价 2.07 美元/千克，同比增长 10.21％。其中，出口日本、菲律宾和瑞典的剑麻类纤维及其短纤和废麻分别为 24.8 吨、198.8 吨和 0.02 吨，出口金额分别为 5.3 万美元、40.8 万美元和 0.1 万美元。

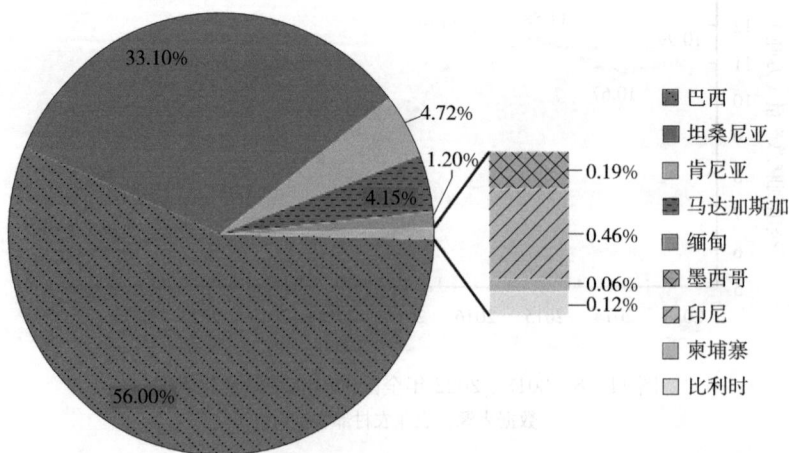

图 11-9　2022 年我国从剑麻纤维主要生产国进口剑麻纤维量的情况

数据来源：海关总署

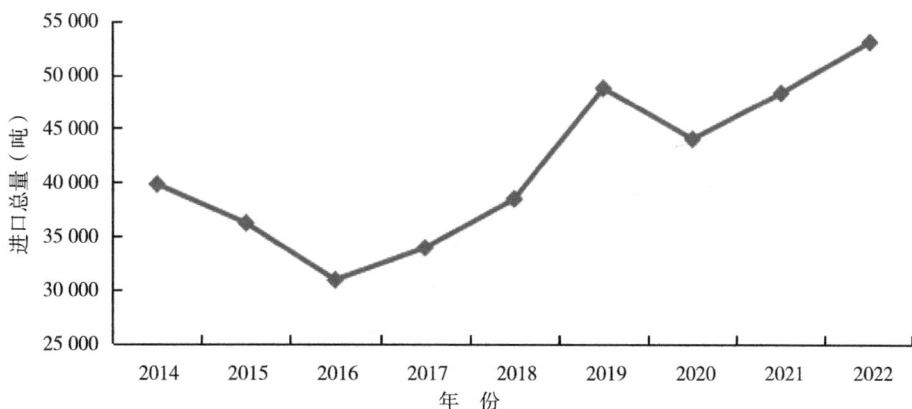

图 11-10 2014—2022年中国剑麻纤维进口总量变化情况

数据来源：海关总署

（三）价格情况

2013—2022年剑麻纤维价格较平稳，波动区间不大。2022年，由于新冠疫情和俄乌战争的影响，国际市场对于优质的剑麻纤维需求下降，供需缺口缩小。对广西和广东剑麻种植场进行定点跟踪调研结果显示，2022年广东和广西地头剑麻纤维均价（鲜叶折算价，干纤维抽出率按鲜叶 4.5% 计）为 9.8 元/千克；广西大机烘干的剑麻纤维价格在 12～13 元/千克，小机晒干的剑麻纤维价格在 7～8 元/千克；广东的一刀麻纤维价格（鲜叶折算价）最低，为 4.4 元/千克，二刀麻纤维价格为 6.0 元/千克，三刀麻纤维价格为 7.8 元/千克，四刀及以上麻纤维价格为 9.8 元/千克。

（四）消费及加工情况

由于剑麻的纤维含量不足 5%，必须经过初加工提取出纤维才能投放市场。因此，我国剑麻生产企业从一开始就注重剑麻的加工问题，并从初、中级加工开始不断向剑麻制品的深加工发展。到目前为止，全国拥有各类剑麻厂 60 多家，主要有广西剑麻集团有限公司、广东省东方剑麻集团有限公司、广东琅日特种纤维制品有限公司、江苏淮安市万德剑麻有限公司、江苏洪泽迈克剑麻有限公司和江苏南通大达麻纺织有限公司等，研制开发的剑麻产品已有 20 个系列 500 多个品种，主要包括剑麻纤维、剑麻纱、白棕绳、剑麻地毯、剑麻抛光轮、钢丝绳芯、剑麻絮垫及其他剑麻制品等，如广东省东方剑麻集团有限公司生产的"太阳"牌系列剑麻产品在国际市场上享有较高的知名度，荣获国家、部、省优质产品称号 20 多项，广西剑麻集团的"剑王"系列也畅销国外。

此外，高附加值的产品前景广阔，其相关产品研发应用越来越得到重视，如剑麻皂素提取制药用的单烯醇酮和双烯醇酮，提取食品用的果胶，制作高端钢丝绳芯和剑麻纤维树脂基复合材料（轻质、强度高、价廉）等。

（五）成本收益情况

从剑麻亩投入变动情况来看，2022 年剑麻亩投入 2 813 元，同比增长 0.64%，主要原因在于劳动力价格较高，割麻成本占总成本比例高达 40%。调研数据显示，广西和广东剑麻主产区平均劳动力投入占生产总成本的 3/4。2022 年，剑麻平均亩产值 4 789 元，与 2021 年相比略微下降，亩投入水平达到历史新高（表 11-1）。

表 11-1　2014—2022 年剑麻产出投入情况

年份	投入（元/亩）	产值（元/亩）	产出投入比（%）
2014	2 136	4 210	197.10
2015	2 269	4 357	192.02
2016	2 474	4 739	191.55
2017	2 455	5 045	205.50
2018	2 514	4 879	194.07
2019	2 783	4 868	174.92
2020	2 787	4 759	170.76
2021	2 795	4 862	173.95
2022	2 813	4 789	170.25

（六）各地产业扶持政策

广西剑麻集团优化"公司＋基地＋农户"模式，与旺茂、五星等具备条件的农场公司互惠合作，健全剑麻保障收购机制，激励周边地方农户种植剑麻。广西平果制定《平果市发展壮大村级集体经济产业三年行动（2022—2025 年）实施方案》，坚持"政府推动、政策引导、龙头带动、农民主体"原则，立足资源优势，着力构建"山上油茶、山中剑麻、山下桑蚕"的产业格局。推动实现"三个一批"，即建设一批技术服务推广实验站，打造一批现代化种植基地，引进培育一批农产品精深加工企业，建成缫丝工业和丝绸深加工、剑麻和油茶深加工等产业集群，力争到 2025 年，油茶、剑麻、桑蚕"三山"产业产值达 5 亿元以上。

平果市以奖代补等政策扶持剑麻产业，新种植剑麻 0.5 亩以上（含 0.5 亩），保持常规种植有效株数 85% 以上，管理规范，杂草少，无严重病虫害，植株生长正常，验收时成活率达 90% 以上，每亩奖补 800 元。

广东省湛江农垦集团通过申请财政项目和银行贷款等方式支持建立国家级剑麻现代农业产业园，以保证产品质量，促进产品升级等，建立剑麻种植基地 1.2 万亩，交付东方红农场、金星农场和幸福农场等经营。

（七）科技成果及转化情况

1. 科技成果

由中国热带农业科学院农业机械研究所和广东省湛江农垦集团有限公司牵头，东方剑麻集团有限公司实施完成的"高品质剑麻纤维高效提取加工标准化技术集成创新与应用"科技项目2021年荣获海南省科学技术进步奖二等奖。

2. 专利授权

2022年全国共授权剑麻相关实用新型专利18件，如一种剑麻叶采割装置（CN202121040752.2）、剑麻施肥装置（CN202121911905.6）、一种应用于剑麻的机械化收割车（CN202220114276.2），其中科研院所3件、企业14件、其他1件。

三、我国剑麻产业发展特点

（一）研发出高产栽培模式，单位面积产量世界第一

摸清了斑马纹病和茎腐病的发生和流行规律，并总结出防治技术措施；摸索出了剑麻H.11648的营养诊断指标，建立了剑麻营养诊断指导施肥技术；改平整地种植为深松整地起高畦种植，改小苗种植为培育大壮嫩苗种植，改偏施氮肥为重施有机肥配合施用氮磷钾胺，改只注重头三年田间管理为全周期管理，改强度割叶制度为割养结合的合理割叶制度，建立了预防剑麻斑马纹病和茎腐病的"五改一防"高产栽培模式，单位面积产量是世界平均单位面积产量的4倍以上，居世界第一。

（二）标准化技术体系较为完善

制定了《剑麻种苗》（NY/T 1439）、《剑麻种苗繁育技术规程》（NY/T 2448）、《剑麻栽培技术规程》（NY/T 222）、《标准化剑麻园建设规范》（NY/T 3202）和《剑麻纤维加工技术规程》（NY/T 2648）等系列技术标准，从种苗繁育、麻园建设、麻园管理、叶片收获和加工等技术环节界定生产操作规范，形成了比较完善的剑麻标准化生产技术体系，并进行宣贯实施，保障剑麻种植业的健康发展。

（三）加工技术日趋成熟，产业化经营程度高

中国是剑麻纤维进口大国，市场交易活跃，国内剑麻产品生产规模大，目前剑麻纤维制品已有20个系列500多个品种，加工技术日趋成熟，覆盖了国内外俏销的多个品种，可按市场需求承接不同的订单生产。国内剑麻纤维原料生产主要集中在两个大型国有企业，即广东省东方剑麻集团和广西剑麻集团，两个集团的剑麻纤维生产总量占全国剑麻纤维生产总量的70%，加工能力占全国加工能力的40%，实行产、供、

销一条龙的产业化经营模式，拥有一批知名品牌和出口免检产品，"太阳"和"剑王"系列产品畅销国内外，公司与原料生产基地根据制品市场变化建立了价格联动机制，保障种植基地原料价格的相对稳定，有效引导国内剑麻产业的发展。

四、我国剑麻产业存在的主要问题

（一）剑麻育种周期长，生产上用的品种单一

剑麻的生长周期 10 年以上，植株开花后死亡，育种周期在 20 年以上，因此剑麻育种工作已无法适应产业的需求。生产上用的品种仍是 H.11648，由于该品种的长期使用，如今正面临新一轮剑麻病害的威胁，每年因病害死亡的剑麻面积达数百公顷，损失严重。

（二）回本周期长，劳动价格高企

剑麻回本周期长，一般需要 6 年才达到收支平衡，很难适应变化多端的市场形势。另外，目前劳务成本高（2022 年人工割麻费 130～140 元/吨），且难以请到熟练的工人割麻，生产成本高。

（三）加工产品和技术更新滞后

虽然剑麻制品生产企业有一些高附加值产品，但缺乏技术研发团队，产学研脱节，整体生产设备技术落后、品种较单一、技术含量不高，加工产品和技术跟不上日益多变的市场需求，竞争能力较弱。

五、中国剑麻产业发展展望

（一）生产预期

由于规模化的剑麻园由国有农场管理，管理水平较高，加之国内市场对纤维有较为强烈的需求，预计 2023 年剑麻种植面积和产量保持稳定，平均单产保持在 300 千克/亩。

（二）市场前景分析

剑麻主要分布在南北回归线之间的部分区域，可种植的土地资源十分有限，资源的有限性和产品的不可替代性使得各国越来越重视剑麻特色产品的开发。随着世界范围内环保意识的增强，天然纤维的消费已成为时尚，为了迎合不同消费群体，研究和开发多样性产品是必然选择，现在剑麻制品正朝着精细化方向发展，产业前景向好，

在种植面积略减的背景下，预计2023年剑麻纤维平均价格基本稳定。

（三）发展趋势

1. 抗性多用途剑麻品种培育

根据产业的需要，深入挖掘剑麻高纤维率、高皂素含量、抗病虫和抗逆等优异功能基因，通过遗传转化创制优异基因型材料，加快优异材料的鉴定评价，从而培育抗性多用途的剑麻品种。

2. 轻简高效生产技术集成

开展剑麻栽培生理基础研究，探明剑麻节水、水肥调控机制、营养需求特点和剑麻新发重大病害的病原组成；研究培肥地力、提高土壤可持续生产能力的方法；研发新型栽培模式，集成化肥、农药减施增效的轻简高效绿色生产技术。

3. 精深加工和生物质高效利用

推进剑麻纤维精深加工工艺和产品研发，聚焦国家对新材料、新能源和塑料污染治理的战略需求，开发新型绝缘材料、轻型耐磨隔热衬里、包装膜、农用纤维膜等特色环保产品；除纤维外，其液汁和废渣尚有广泛用途，开展利用乱纤维和麻渣生产非织造包装材料、燃料乙醇等技术的研发，研究剑麻皂素的微生物提取技术，开发贵重药物，加速实现剑麻汁液高的效利用。

4. 剑麻机械化生产工艺日趋完善

研发机械收割的仿形切割技术，研制、筛选并改造适用于剑麻叶片收获的机械装备，完善剑麻生产全程机械化的工艺，并研发配套技术，集成农机农艺融合的剑麻高效生产模式。

六、对策建议

（一）创新育种技术，加快优异品种的培育速度

加强剑麻及其近缘种的种质资源调查、收集保存工作，研究资源特性和鉴定评价标准，通过资源精准鉴定与评价发掘优异种质。创新种质创制和高效育种技术，突破远缘杂交育种技术，创制优良育种材料，制定品种测试与鉴定评价技术标准，加快优异种质材料鉴定评价，从而加快优异品种的培育速度。

（二）聚焦非生产期复合种植，提高产业经济效益

剑麻非生产期长，行间宽达3.8～4.0米，适合复合种植。因此，应根据当地产业特色，聚焦剑麻非生产期复合种植，筛选出效益较高、适合间种的短期作物，深入开展配套的栽培技术研究，因地制宜发展高效复合种植模式，提高产业经济

效益。

（三）加强科技创新，攻克采收机械缺乏的难题

以剑麻产业升级和可持续发展需求为导向，充分利用中国热带农业科学院等科研院所的科技优势和国家麻类产业技术体系平台，联合剑麻加工企业和其他相关院校力量，加强科技创新，深入开展剑麻叶片采收机械设备研制，加快科技成果转化，以期攻克采收机械缺乏的难题，促进剑麻产业持续健康发展。

（四）提高剑麻产品多样性，增强市场竞争力

加快设备和技术升级，促进剑麻产品朝精细方向发展，开发适应市场需求的新产品，使剑麻企业上规模、产品上档次，具有更高的附加值和更强的市场竞争力。一是提升产品质量，剑麻纤维加工企业要重点分析市场需求，注重产学研结合并进行突破与革新，不断开发出高技术含量、高质量的特色产品；二是深化产品加工，企业只有改变以生产初级或低端产品为主的现状，引进先进加工技术和设备，进行深度加工，开发出高档次、高附加值的多用途综合产品，才能扩大国内外销售市场；三是多样化产品开发，加速剑麻多用途开发和应用发展，提供多样化的剑麻产品，力求满足不同层次的产品需求，提高国内外剑麻产品市场的核心竞争力。

第十二章

2023年剑麻产业发展报告

2023年，中国剑麻产业面积及产量基本保持稳定。然而受国际经济环境影响，国际市场对于优质的剑麻纤维需求下降，2023年纤维进口量同比减少12.64%，预计2024年剑麻种植面积、产量保持稳定，纤维价格小幅下滑。

一、世界剑麻产业概况

（一）生产情况

世界剑麻收获面积由2013年的482.7万亩下降至2022年的365.5万亩，年均降幅为3.04%；而世界剑麻纤维产量由2013年的36.3万吨下降至2022年的25.8万吨，年均降幅为3.72%（图12-1）。

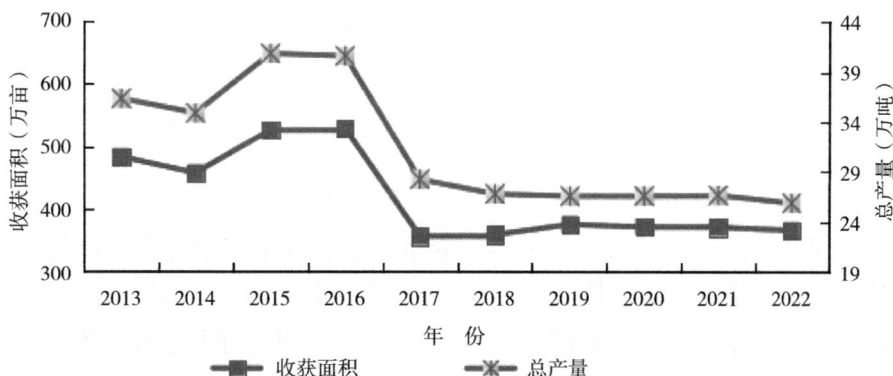

图12-1 2013—2022年世界剑麻收获面积和纤维总产量变化情况
数据来源：FAO、农业农村部农垦局

1. 种植面积

据FAO、农业农村部农垦局等统计数据，2022年，世界剑麻收获面积365.5万亩，同比减少1.30%；收获面积排名前十的国家分别为巴西、坦桑尼亚、肯尼亚、海地、马达加斯加、中国、墨西哥、摩洛哥、几内亚和莫桑比克（图12-2）。其中，巴西147.7万亩、坦桑尼亚67.3万亩、肯尼亚37.8万亩、海地32.0万亩、马达加斯加20.9万亩、中国19.4万亩、墨西哥14.1万亩、摩洛哥6.8万亩、几内亚3.1

万亩、莫桑比克 3.0 万亩，分别占世界的 40.41%、18.41%、10.34%、8.76%、5.72%、5.31%、3.86%、1.86%、0.85% 和 0.82%。

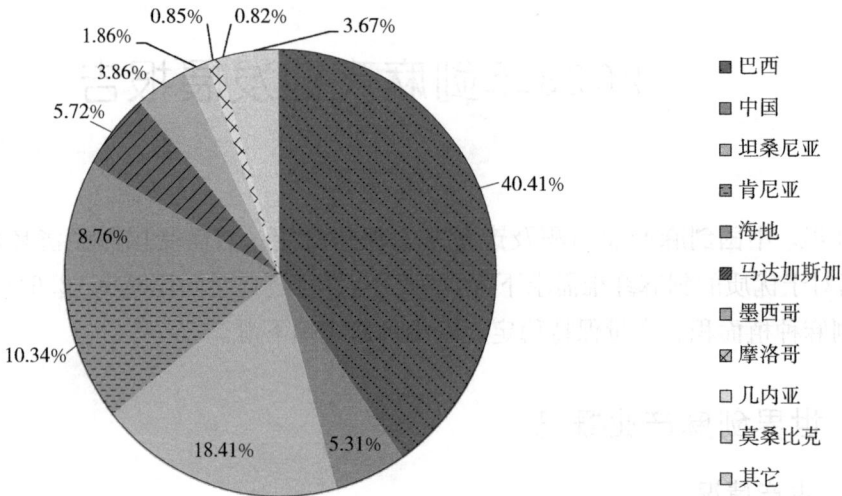

图 12-2　2022 年前十大剑麻生产国的收获面积占比
数据来源：FAO、农业农村部农垦局

2. 产量

2022 年，世界剑麻纤维产量 25.8 万吨，同比减少 3.01%。前十大生产国为巴西、中国、坦桑尼亚、肯尼亚、马达加斯加、海地、墨西哥、摩洛哥、几内亚和莫桑比克。其中，巴西 9.2 万吨、中国 5.9 万吨、坦桑尼亚 3.6 万吨、肯尼亚 2.2 万吨、马达加斯加 1.8 万吨、海地 1.2 万吨、墨西哥 1.1 万吨、摩洛哥 0.2 万吨、几内亚 0.1 万吨和莫桑比克 0.1 万吨（图 12-3）。前十大剑麻生产国纤维产量分别占世界的 35.66%、22.87%、13.95%、8.53%、6.98%、4.65%、4.26%、0.78%、0.39% 和 0.39%。从图 12-4 可以看出，世界剑麻生产指数近十年呈先升后降趋势，2017 年的世界剑麻生产指数最低，其中，人均产量生产指数为 68.7；2015 年的剑麻生产指数最高，其中，人均产量生产指数为 106.8，2017—2022 年呈平稳态势（图 12-4）。

3. 单产

据 FAO 统计数据，2022 年世界剑麻纤维的平均单产为 60.9 千克/亩，中国剑麻单产 305.2 千克/亩，是世界单产的 5 倍。单产前十的国家或地区有中国、乌干达、委内瑞拉、中国台湾、马达加斯加、印尼、墨西哥、安哥拉、巴西、肯尼亚单产分别为 305.2 千克/亩、141.7 千克/亩、135.6 千克/亩、115.2 千克/亩、84.2 千克/亩、75.3 千克/亩、74.6 千克/亩、69.8 千克/亩、62.2 千克/亩和 58.3 千克/亩。

4. 生产布局

剑麻原产于墨西哥尤卡坦半岛，主要分布在南美洲、非洲和亚洲等热带及亚热带地区，主要生产国家有巴西、中国、坦桑尼亚、肯尼亚、墨西哥、马达加斯加、委内

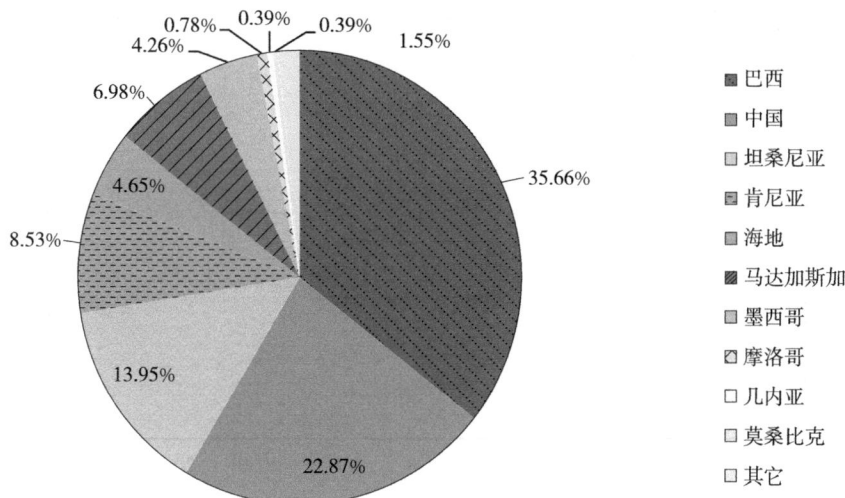

图 12 - 3 2022 年前十大剑麻生产国的产量占比

数据来源：FAO、农业农村部农垦局

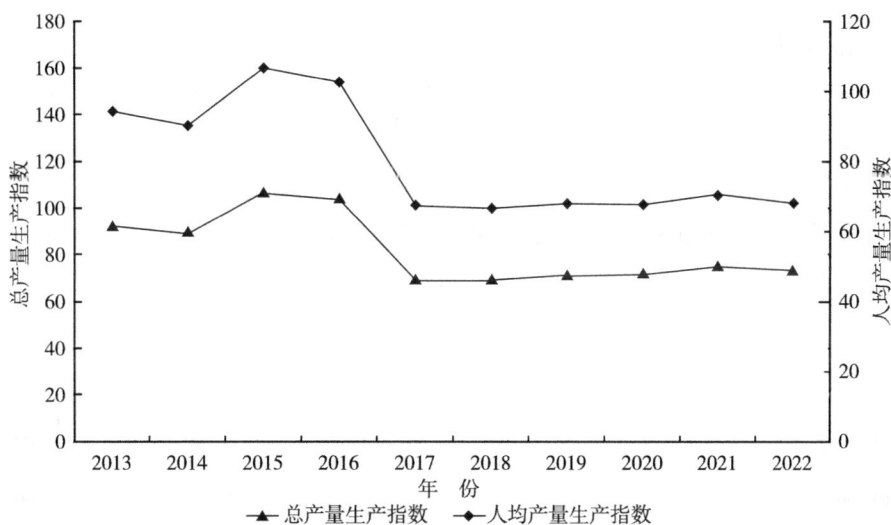

图 12 - 4 2013—2022 年世界剑麻生产指数

数据来源：FAO

瑞拉、海地、多米尼克、几内亚、马拉维、南非、古巴、莫桑比克、埃塞俄比亚、安哥拉、牙买加和印尼等。

（二）贸易情况

2014—2022 年，世界剑麻贸易量整体呈上升趋势，贸易量由 2014 年的 1.3 万吨升至 2022 年的 5.3 万吨，贸易额 2022 年达 9 414.1 万美元。

1. 出口情况

2014—2022 年世界剑麻纤维出口量整体呈上升趋势（图 12 - 5），由 2014 年的

0.7 万吨升至 2022 年的 3.2 万吨，出口金额 5 457.7 万美元，主要出口国是巴西、坦桑尼亚、肯尼亚、马达加斯加等。

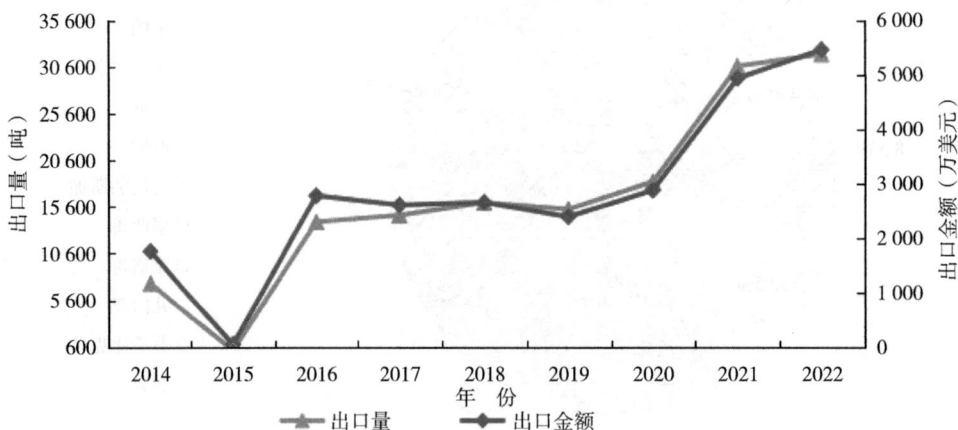

图 12-5 2014—2022 年世界纤维出口情况

数据来源：FAO

2. 进口情况

据 FAO 数据，2014—2022 年世界剑麻纤维进口量整体呈上升趋势（图 12-6），2020—2022 年后急剧上升，2014 年世界纤维进口量 0.6 万吨，2022 年世界纤维进口量 2.1 万吨，进口金额 3 956.8 万美元。主要的剑麻纤维进口国是中国、乌干达、乍得、也门、伊拉克、冈比亚、几内亚、加纳、尼日利亚、沙特阿拉伯、阿曼、阿尔及利亚、叙利亚等。

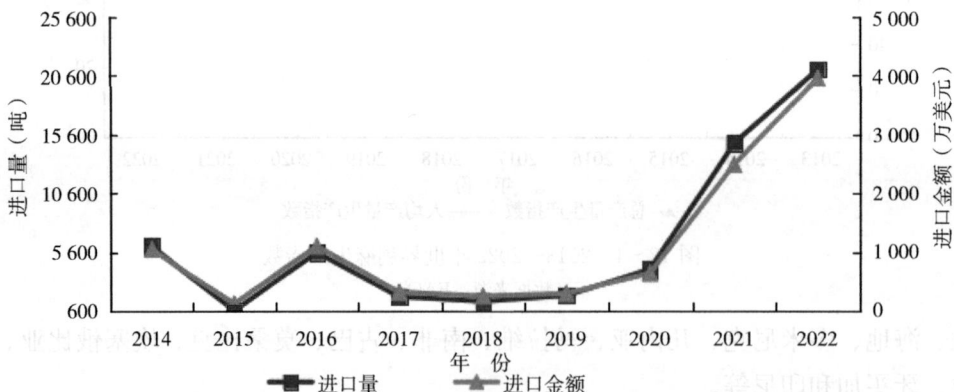

图 12-6 2014—2022 年世界纤维进口情况

数据来源：FAO

（三）价格情况

据 FAO 数据，2022 年剑麻纤维出口价格为 1 707.8 美元/吨（图 12-7），进口价格为 1 873.9 美元/吨（图 12-8）。

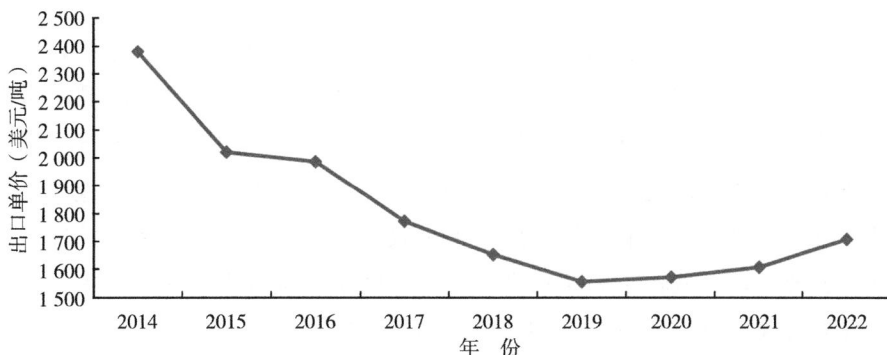

图 12-7 2014—2022 年世界剑麻纤维出口单价

数据来源：FAO

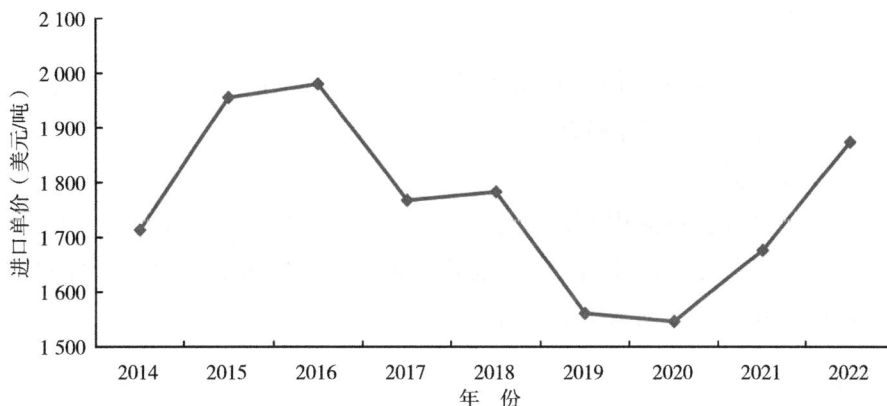

图 12-8 2014—2022 年世界剑麻纤维进口单价

数据来源：FAO

从图 12-7 和图 12-8 可以看出，2014—2022 年世界纤维出口单价整体下行，2019 年最低，为 1 555.9 美元/吨，随后出现小幅上扬；世界剑麻纤维进口单价在 1 500～2 000 美元/吨震荡，2020 年最低，为 1 572.1 美元/吨，然后震荡上扬。

（四）主要国家产业扶持政策

坦桑尼亚政府出台了推动全国范围内的剑麻生产的方案，随后制定了各种政策，促进了既定剑麻产业发展计划的顺利实施。现在，剑麻是政府特别关注的 9 大战略经济作物之一。与前几年相比，2023 年用于执行剑麻相关活动的拨款迅速增加。

坦桑尼亚政府通过其公私伙伴关系（PPP）政策与国内或国际私营部门合作，为剑麻研究和产业发展项目提供资金，旨在恢复剑麻在外汇收入贡献方面的地位。每年通过国家农科院 Mlingano 研究所向农民提供 200 多万株剑麻幼苗。

（五）最新科技进展

墨西哥科学家研究结果表明，剑麻乙醇提取物能有效杀死阿米巴原虫，提取物活性有助于推进阿米巴病的替代疗法的研究；以剑麻叶粉为原料，利用酿酒酵母采用酶法糖化生产乙醇，为种植剑麻的国家提供了一种剑麻综合利用的解决方案。提出了在农业和经济资源充足的情况下施用有机肥和豆类/玉米/龙舌兰间套种的建议。

摩洛哥科学家研究了剑麻水提物对苹果采收后的果实病害病原菌的抗性，结果该水提物抗性表现良好，减轻了果实感染程度，有助于贮藏过程中保持苹果的品质，也表明它们有潜力成为有效和可持续的合成杀菌剂替代品。

二、我国剑麻产业基本情况

（一）生产情况

2014—2023 年中国剑麻种植面积及产量整体呈明显下降的趋势，近两年产业发展平稳，单产仍然处在高位并略有增长。

1. 种植及收获面积

2023 年中国剑麻种植面积 21.8 万亩（图 12 - 9），同比减少 0.91%。其中，广西 17.6 万亩，广东 4.2 万亩，分别占全国总面积的 80.73% 和 19.27%。全国收获面积 20.4 万亩，广西和广东分别为 16.2 万亩和 4.2 万亩。

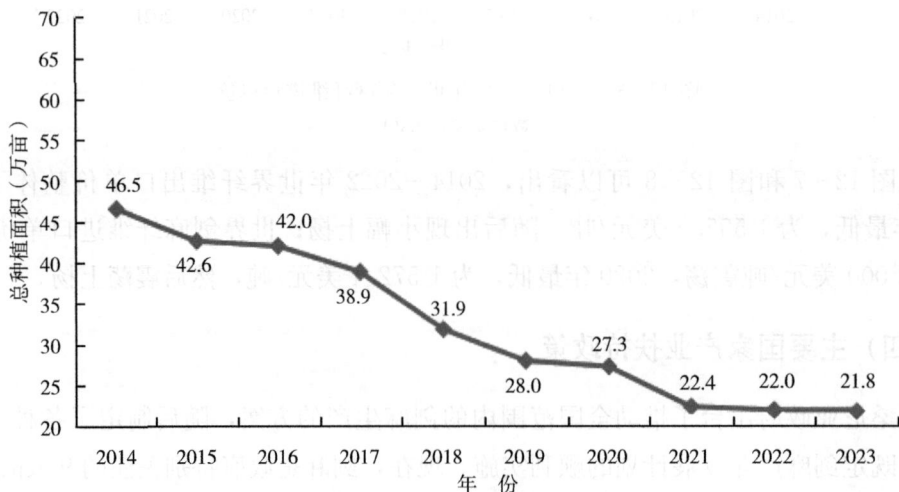

图 12 - 9　2014—2023 年全国剑麻总种植面积

数据来源：农业农村部农垦局

2. 总产量、单产及总产值

总产量：2023 年，全国剑麻总产量为 5.93 万吨（图 12 - 10），同比增长 0.34%。

其中，广西5.40万吨，两省（自治区）产量分别占全国的91.06%和8.94%。

单产：全国平均单产290.3千克/亩。其中，广西333.2千克/亩，同比下降0.36%；广东126.3千克/亩，同比下降23.03%。

总产值：全国剑麻总产值为6.11亿元，同比增长0.16%。其中，广西总产值为5.39亿元，同比增长0.56%；广东总产值为0.72亿元，同比减少2.07%；两省（区）产值分别占全国的88.22%和11.78%。

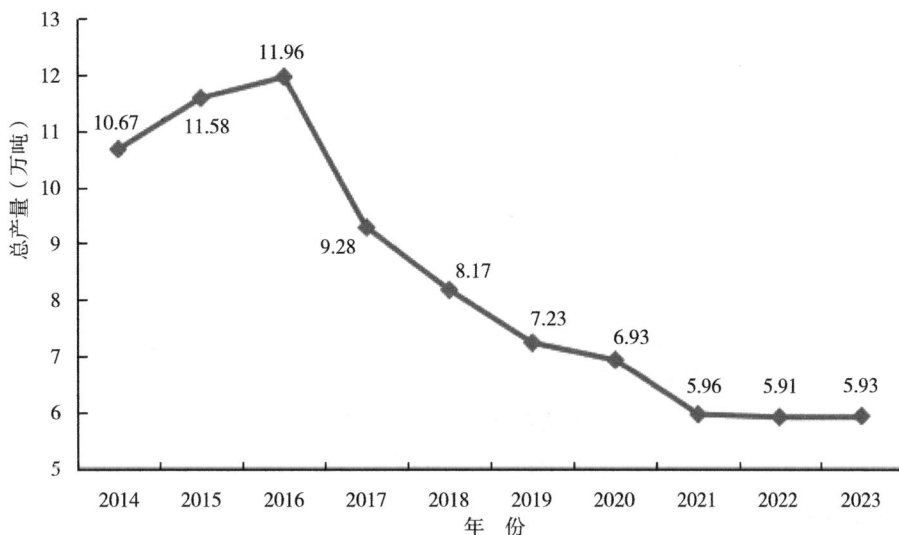

图12-10 2014—2023年全国剑麻总产量
数据来源：农业农村部农垦局

3. 主栽品种及品种结构

剑麻的主栽品种单一，主要是H.11648，20世纪60年代初引进以来种植至今，该品种适应能力强，纤维产量高，丰产性能好，叶片刚直、密生，叶片颜色为蓝绿色，叶缘无刺，生命周期10～13年，单株周期产叶550～660片，年长叶片50～70片，纤维率5%，纤维较细，洁白有光泽，束纤维拉力80～84千克/克·30厘米。此外，还有南亚1号、南亚2号、桂麻1号和热麻1号等剑麻品种，但在生产上推广较少。

（二）贸易情况

2014—2023年中国龙舌兰类纤维贸易总量整体呈波动上升态势，2014—2016年呈下降态势，2016—2022年呈较快速的上升态势，2023年出现下降。

1. 进口

据中国海关统计，2023年，中国进口西沙尔麻等纺织龙舌兰类纤维及其短纤和废麻46 366 785千克，同比减少13.21%；进口金额6 020.3万美元，同比减少30.94%；

进口均价 1.3 美元/千克，同比下降 18.75%。其中，从巴西进口 33 009 590 千克，坦桑尼亚 8 995 800 千克，肯尼亚 2 514 400 千克，马达加斯加 1 135 709 千克，分别占总进口量的 71.19%、19.40%、5.42% 和 2.45%。从巴西和肯尼亚进口量同比分别增加 11.07% 和 0.46%，而从坦桑尼亚和马达加斯加进口量同比减少 48.79% 和 48.48%（图 12-11、图 12-12）。

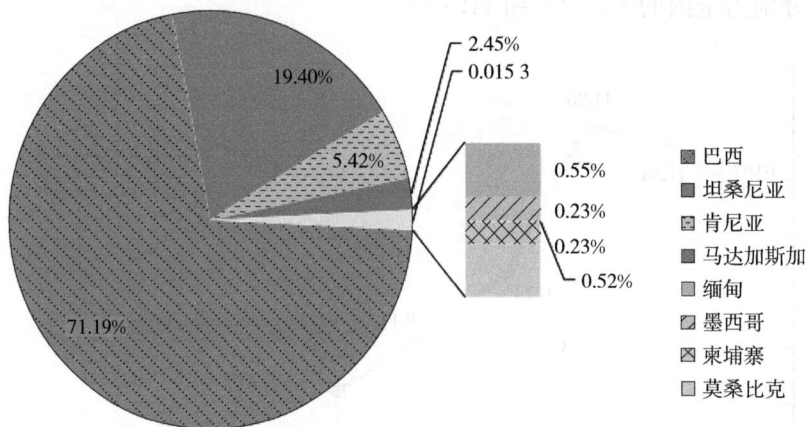

图 12-11　2023 年我国从剑麻纤维主要生产国进口剑麻纤维量占比

数据来源：海关总署

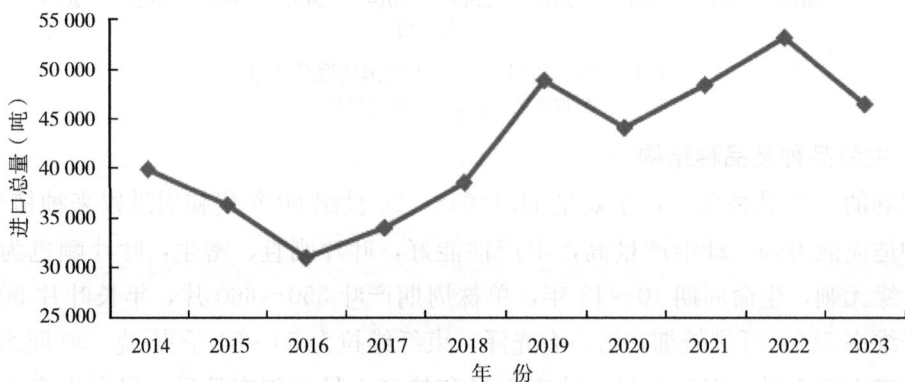

图 12-12　2014—2023 年我国剑麻纤维进口总量变化情况

数据来源：海关总署

2. 出口

2023 年，我国出口西沙尔麻等纺织龙舌兰类纤维及其短纤和废麻 39.5 吨，同比减少 82.34%；出口金额 8.7 万美元，同比减少 81.17%；出口均价 2.2 美元/千克，同比增长 6.28%。其中，出口日本、韩国、哈萨克斯坦和贝宁的龙舌兰类纤维及其短纤和废麻分别为 10.0 吨、0.5 吨、3.0 吨和 26.0 吨，出口金额分别为 2.2 万美元、0.2 万美元、0.6 万美元和 5.6 万美元。中国的剑麻产品主要出口到亚洲、欧洲和北美等地区。其中，剑麻纤维主要用于纺织、造纸、编织等行业，剑麻油及其制品也在一定程度上出口到海外市场。中国剑麻产品在国际市场上享有一定的知名度，产品质量和价格也具有一定竞争力。而2023年出口龙舌兰纤维仿制的其他线、绳、索和袋5 309.5吨，出口金额1 992.2万美元；出口龙舌兰类纤维纺制的包扎用绳301.0吨，出口金额88.1万美元。

（三）价格情况

受国际经济形势影响，国际市场对于优质的剑麻纤维需求下降，供需缺口缩小，2023年剑麻纤维价格出现下跌。对广西和广东剑麻种植场进行定点跟踪调研结果显示，2023年广东和广西地头剑麻纤维均价（鲜叶折算价，干纤维抽出率按鲜叶4.5%计）为9.8元/千克；广西大机烘干的剑麻纤维价格为11～12元/千克，小机晒干的剑麻纤维价格为7～8元/千克；广东的一刀麻纤维价格（鲜叶折算价）最低，为4.4元/千克，二刀麻纤维价格为6.0元/千克，三刀麻纤维价格为7.8元/千克，四刀及以上麻纤维价格为9.8元/千克。

（四）消费及加工情况

剑麻纤维是硬质纤维，纤维长、韧性好、弹性好、抗拉强度高，具有耐海水浸泡、不易打滑、不污染环境、不易产生静电等特点，广泛应用于渔业、航海、工矿、运输、石油、汽车制造等行业，以及用于生产剑麻地毯、剑麻特种布、纸张、过滤器、工艺品、抛光轮等。此外，利用麻汁可提取贵重药物的生产原料，如海柯皂苷元、剑麻皂苷元，还可提取草酸、果胶，制取食用酒精及动力燃料；可利用麻渣制备优质饲料和肥料。

中国的剑麻加工企业规模各异，包括小型家庭作坊、中小型企业以及大型现代化工厂。这些企业涵盖了从剑麻原料加工到最终产品生产的整个产业链。小型家庭作坊主要集中在剑麻种植区域，规模较小，生产能力有限；中小型企业通常在剑麻生产区或剑麻集散地设立，生产规模适中；大型现代化工厂一般设立在交通便利、资源充足的地区，生产规模大，拥有先进的生产设备和管理模式。到目前为止，全国拥有各类剑麻厂60多家，研制开发的剑麻产品已有20个系列500多个品种。

（五）成本收益情况

从剑麻亩投入变动情况来看，2023年剑麻亩投入2 857元，同比增长1.56%，主要原因在于劳动力价格较高，其他生产资料也在涨价，割麻成本占总成本比例高达40%。调研数据显示，广西和广东剑麻主产区平均劳动力投入占生产总成本的3/4。2023年，剑麻平均亩产值4 528元，与2022年相比减少5.45%，亩投入水平达到历史新高（表 12 - 1）。

表 12 - 1　2014—2023 年剑麻产出投入情况

年份	投入（元/亩）	产值（元/亩）	产出投入比（%）
2014	2 136	4 210	197.10
2015	2 269	4 357	192.02
2016	2 474	4 739	191.55
2017	2 455	5 045	205.50
2018	2 514	4 879	194.07
2019	2 783	4 868	174.92
2020	2 787	4 759	170.76
2021	2 795	4 862	173.95
2022	2 813	4 789	170.25
2023	2 857	4 528	158.49

（六）各地产业扶持政策

2023 年各地剑麻产业的扶持政策较少。广西平果市以奖代补等政策扶持剑麻产业，新种植剑麻 0.5 亩以上（含 0.5 亩），保持常规种植有效株数 85% 以上，管理规范，杂草少，无严重病虫害，植株生长正常，验收时成活率达 90% 以上，每亩奖补 800 元。

（七）科技成果及转化情况

1. 科技成果

中国热带农业科学院环境与植物保护研究所主持完成的"剑麻高产养分管理及配套栽培技术创建与应用"项目，荣获海南省科学技术进步奖二等奖；广西剑麻集团有限公司和广西壮族自治区亚热带作物研究所共同完成的"高质高效剑麻纤维制备关键技术及产业化应用"项目，荣获广西科学技术进步奖三等奖。

2. 专利授权、标准

2023 年全国共授权剑麻相关实用新型专利 13 件，如一种剑麻刮麻装置（CN202320425958.X）、一种剑麻压紧固定装置（CN202320632490.1）、一种剑麻纺纱机断纱自停装置（CN202321642668.7）等，其中科研院所 4 件、企业 9 件。

三、我国剑麻产业发展特点

（一）产区集中度高

虽然剑麻对生长环境的要求不高，但剑麻是典型的热带作物，对热量的要求较高，我国剑麻主要集中在广东、广西和海南等地，其中广西产区的占比为80%左右。此外，不少的剑麻由国有农场种植，管理较为规范，产量较高。

（二）产业链完整

中国剑麻产业已形成完整的产业链条，包括从种植、采摘、加工到销售的各个环节，产业体系相对成熟。目前剑麻纤维制品已有20个系列500多个品种，加工技术日趋成熟，覆盖了国内外俏销的品种，可按市场需求承接不同的订单生产。

（三）技术领先

随着科技的不断进步，中国剑麻产业在种植技术、加工工艺等方面也在不断进行创新，研发出高产栽培模式，单位面积产量是世界单位面积产量的约5倍，居世界第一；研发出高附加值的产品，如从剑麻皂素中提取制药用的单烯醇酮和双烯醇酮、提取食品用的果胶，利用剑麻制作高端钢丝绳芯和剑麻纤维树脂基复合材料（轻质、强度高、价廉）等。

四、我国剑麻产业存在的主要问题

（一）消费端需求不足

消费者在选择纤维制品时往往倾向于其他更为柔软顺滑的材质，剑麻纤维相对较硬，手感较为粗糙，与一些消费者需求偏好有差异；剑麻纤维主要应用于绳索、地毯衬垫等工业领域，但在服装、家居装饰等消费领域的应用较为有限；加之剑麻纤维相关产品在消费市场上的知名度不高，消费者对其特性和优势了解甚少，从而导致其市场需求度不高。

（二）供给侧竞争激烈

由于剑麻产业的发展具有一定的区域性，各个剑麻纤维生产企业为了争夺市场份额，采取降低价格、提高生产效率等策略，以提升自身的竞争力，低端产品同质化严重，市场基本饱和，在价格竞争的压力下，剑麻企业利润空间受到挤压。加之研发力量和投入缺乏，高附加值的新产品研发滞后，产业发展新亮点有待挖掘。

（三）绿色发展转型瓶颈

剑麻产业发展面临环保因素制约，剑麻纤维的加工过程中会产生大量的废水，存在环保安全隐患，影响周边水生生物、水体环境，在一定程度上破坏水生生态系统稳定，产业面临绿色发展转型压力。

五、我国剑麻产业发展展望

(一) 生产预期

由于规模化的剑麻园由国有农场管理，管理水平较高，预计 2024 年剑麻种植面积和产量基本保持稳定，平均单产保持在 300 千克/亩。

(二) 市场前景分析

近年来，国际政局动荡，受俄乌战争、巴以冲突和经济形势低迷叠加的影响，国际市场对于优质的剑麻纤维需求下降，供需缺口缩小，预计未来我国从国外进口优质剑麻的数量有所增加，以满足国内消费需求。预计 2024 年剑麻纤维平均价格会有小幅下滑。

(三) 发展趋势

1. 剑麻栽培技术高效化

聚焦剑麻栽培关键环节，在品种选育、种苗繁育、病虫害防治、科学施肥等方面开展科研攻关，推动低产剑麻园升级改造，全面提升剑麻栽培管理技术水平，推动栽培技术高效化。

2. 剑麻园作业机械化

剑麻种植属于传统劳动密集型产业，随着劳动力成本逐年提高，剑麻种植亟须研发推广机械化设备，探索适合集约化经营的种植生产模式，加快产业宜机化改造，实施机械化管理，推动产业高质量发展。

3. 综合利用高值化

大力发展剑麻副产物，开发剑麻纤维、麻汁、麻渣等的新用途，研究开发综合利用技术，推动发展剑麻循环经济，推动剑麻产业发展转型升级。进一步提高剑麻产品附加值，开发精深加工高档纤维生产产品，延伸剑麻产业链也是剑麻产业未来发展的必然趋势。

六、对策建议

(一) 创新育种技术，加快优异品种的培育速度

加强剑麻及其近缘种的种质资源调查、收集保存工作，研究资源特性和鉴定评价标准，通过资源精准鉴定与评价发掘优异种质。创新种质创制和高效育种技术，突破远缘杂交育种技术，创制优良育种材料，制定品种测试与鉴定评价技术标准，加快优

异种质材料鉴定评价，从而加快优异品种的培育速度。

（二）聚焦非生产期复合种植，提高产业经济效益

根据当地产业特色，聚焦剑麻非生产期复合种植，筛选出效益较高、适合间种的短期作物，深入开展配套的栽培技术研究，因地制宜发展高效复合种植模式，提高产业经济效益。

（三）加强科技创新，攻克采收机械缺乏的难题

以剑麻产业升级和可持续发展需求为导向，充分利用中国热带农业科学院等科研院所的科技优势和国家麻类产业技术体系平台，联合剑麻加工企业和其他相关院校力量，加强科技创新，深入开展剑麻叶片采收机械设备研制，加快科技成果转化，以期攻克采收机械缺乏的难题，促进剑麻产业持续健康发展。

陈河龙，郭朝铭，刘巧莲，等，2011. 龙舌兰麻种质资源抗斑马纹病鉴定研究［J］. 植物遗传资源学报，12（4）：546-550.

陈河龙，何如，谭施北，等，2023. 中国剑麻产业发展现状存在问题及对策［J］. 热带农业工程，47（6）：18-21.

陈士伟，李栋宇，2016. 我国剑麻产业发展现状及展望［J］. 中国热带农业（3）：10-12.

陈涛，吴密，覃旭，等，2022. 广西剑麻产业的发展概况及展望［J］. 农业研究与应用，35（4）：51-55.

陈叶海，陈士伟，黄香武，2023. 剑麻产业与技术发展路线图［M］. 北京：中国科学技术出版社.

高建明，张世清，陈河龙，等，2011. 剑麻抗病育种研究回顾与展望［J］. 热带作物学报，32（10）：1-7.

广东省农垦总局，1978. 剑麻［M］. 广州：广东科技出版社.

韩沛新，2022. 热作产业发展报告（2020 年）［M］. 北京：中国农业科学技术出版社.

韩沛新，2023. 热作产业发展报告（2021 年）［M］. 北京：中国农业科学技术出版社.

黄艳，2008. 世界剑麻生产现状及未来展望［J］. 中国热带农业（5）：25-27.

李道和，陈宝源，1996. 剑麻栽培［M］. 北京：中国农业出版社.

刘建玲，2017. 热作产业形势分析报告集（2016 年）［M］. 北京：中国农业科学技术出版社.

刘建玲，孙娟，郑红裕，2019. 热作产业发展报告（2018 年）［M］. 北京：中国农业科学技术出版社.

路甬祥，黄宗道，2000. 天堂的种子：热带作物［M］. 广州：暨南大学出版社.

农业部人事劳动司，2007. 剑麻栽培工［M］. 北京：中国农业出版社.

潘雅茹，吕勤，2007. 剑麻生产与加工［M］. 南宁：广西科技出版社.

孙娟，郑红裕，钟鑫，等，2020. 热作产业发展报告（2019 年）［M］. 北京：中国农业科学技术出版社.

孙娟，钟鑫，郑红裕，等，2020. 我国剑麻产业概况及对策研究［J］. 中国热带农业（5）：27-32.

翁丽君，丁勇，黄存贯，2020. 乡村振兴战略视角下振兴湛江农垦剑麻产业之可行性分析［J］. 中国热带农业（1）：22-24，11.

熊和平，2022. 麻类作物多用途的理论与技术［M］. 北京：中国农业科学技术出版社.

熊和平，2008. 麻类作物育种学［M］. 北京：中国农业科学技术出版社.

张小芳，陈莉莎，陈伟南，2021. 剑麻皂苷元的研究现状［J］. 当代化工研究（14）：34-35.